文殊開運占卜

詹惟中　著

開運是一時的，占卜是永遠的！

自序

　　研究命理二十七年餘，曾經經歷過滄桑、落寞、無助，在絕望的同時，從紫微斗數的命理傳承當中，給了自己很多的答案，也在挫敗中勇敢的站起來，抱著感恩的心，期待每一個面臨失敗失意的人，都能藉由命理占卜去找回自己真正的方向，認識真正的自己。

　　雖然在命理方面筆者已經簡化了紫微斗數去抗衡西洋星座，同時也藉由科學的論點以及用科學統計的方式，去闡述風水陽宅的尊貴及存在的必要性。而面對塔羅占卜的西洋文化衝擊，幾乎可能是中國占卜命理的一場浩劫，而就以圖騰的精美以及歷史的傳承而言，密宗的唐卡圖騰所代表的意義有千年以上的歷史，涵蓋了醫學、飲食、瑜珈、佛學，包括所有佛教理論的傳承，可以說是佛教的博物館，這樣的圖騰所涵蓋的意義，神祕且多變，其中暗藏的故事以及一些典故的傳承都與山水風土火、尊貴的法器，及生活的一些萬

物做結合，而創造了「文殊開運占卜」的智慧，去為每一個人趨吉避凶，準確性當然是值得信任，最重要的還是心誠則靈，作為一個自我提醒，也希望所有的讀者，將其發揚光大，將尊貴的中國文化，以及台灣人的智慧，藉由這樣的一個因果關係，散播到全世界，讓他們知道什麼叫做中國文化以及佛學哲理的博大精深。

　　占卜自然有其準確性的必要，最可貴的是本書還參錄了一些陽宅的開運密法，我們時常說「變卦」就是指你卜卦論運的同時，其實還是有轉變的空間跟機會，而寺廟的求籤可能深奧而難懂，米卦的《易經》剖析也深不可測，擲爻問神過於籠統簡單，反而是秘宗的圖騰占卜淺顯易懂，隨時可以運用，並沒有所謂時間、地點的受限，是一個論命占卜的福音，也是認識佛教以及密宗一個相當好的途徑。希望跟大家一起分享這份文殊的智慧。

詹惟中

目錄

目錄

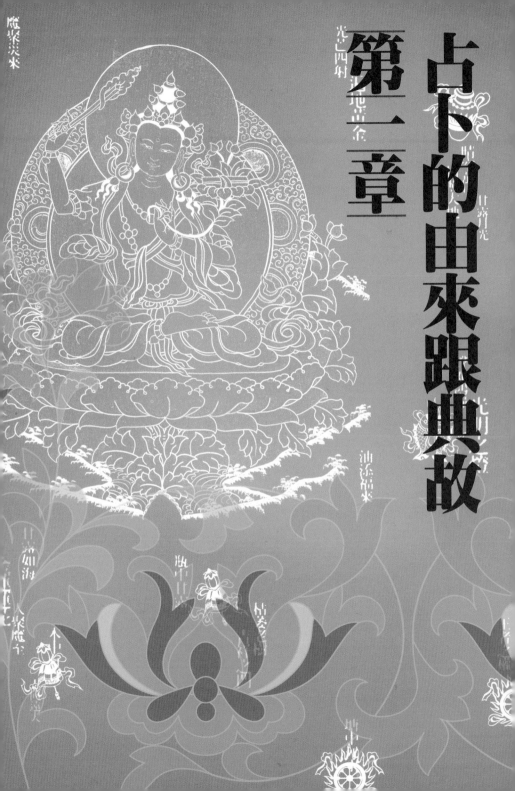

第二章

占卜的由來跟典故

在　中國的五術當中包含了面相、風水、紫微甚至於醫術，尤其是在占卜方面的成就，更是中國文化的精華所在，而占卜的方式千奇百怪、無奇不有，大家所熟悉的米卦、錢卦甚至於鐵板神算都各自有自己的一片天，當然也包括了寺廟中的抽籤占卜。

　　其實這一切的源頭都來自於時間以及空間的互換所轉換的一種訊息，也就是說在某一個時間產生了一個新的生命，而這個新的生命的八字經過紫微或是四柱的換算，就可以把人一生的愛恨情仇做一個精妙的推算，也就是說你的生辰也是一個卦象，包括一個店家的開幕時間，甚至一個電視節目的首播時間，一個新婚的良辰吉時，都藉由這個緣起的時間，其實已經注定了日後生活、生命空間的轉換節奏。

西洋文化的塔羅占卜已經由文化的思想入侵了亞洲以及中國，難道五千年的文化只能甘拜其他文化的下風嗎？

　　身為華人可以去認同參與別人的占卜，但是我們絕對不能屈服或妄自菲薄甚至捨本逐末，也就是說我們還有更多、更多的東西，值得去發掘、去超越它們，塔羅的圖騰以及它的意義，有著它們自己的文化歷史的傳承以及典故，而在西藏的密宗當中由於他們興建廟宇的困難，以及他們對文字的認識有限，加上他們對佛教的熱愛，以及對繪圖的天賦異稟，所以他們用自然原礦的色彩加上細膩的畫工，結合了佛教的理念傳承，將所有的佛教理念、法器都藉由圖騰畫在麻布上面，並捲起來隨身攜帶做為講佛課、修禪學甚至於冥想，以及鎮宅消災的一個開運吉祥物，這種捲起

來的麻布，我們稱它為千年傳承最尊貴的「唐卡」。

而其中成千上萬的圖騰除了在傳達佛祖的理念之外，其畫工之細膩以及圖騰所代表的意義，都成為了後代學佛、禮佛的人一直在探尋的謎，我們也稱它為「可以攜帶的寺廟」，也稱它為「佛教博物館」，在捐款收藏的同時，也可以藉由供養佛、法、僧的善舉來提升自己的家運，也可以藉由居家陽宅的唐卡懸掛來做一個趨吉避凶的設計。更重要的是唐卡裡的圖騰可以反映或預知到不同的的訊息以及意義，只要藉由正規的方式加上虔誠的信仰以及專注的觀想，把這些圖騰轉化成一種占卜的工具，那麼它的準確性絕對不會亞於西洋的塔羅占卜。

同時在占卜之後，如果你得到了財富，或是遠離了災難，或是找到了你的幸福，也要堅持供養佛、法、僧的慈悲，佈施給其他更需要你幫助的人。但請切記，萬萬不可藉由占卜去設計、陷害他人，或是推算賭博輸贏以滿足自己，那麼這將失去占卜的意義。

占卜重心誠，
開運在於心慈，
文殊菩薩的慈悲智慧無所不在。
　　　　　　　　　　　　　哲珠法王

第二章

上卜的〔方法〕過程

光亡四射

在密宗的度母尊當中，代表著大智慧的就是文殊菩薩，人一旦有了大智慧，自然比較不會陷入欲求不滿的「貪」、忿忿不平的「瞋」、念念不忘的「癡」、暗鬼橫生的「疑」，以及自大自我的「慢」，當然這是非常難的境界，也是一個不可能的任務，畢竟我們是人，之所以不能成佛、成神，也是這些的罣礙。所以在密宗的傳承當中，有很多的智慧其實都源自於文殊菩薩的慈悲，甚至於有人稱祂為「智慧之神」的代表，也就把祂的唐卡畫像掛在書房、辦公室甚至於大廳，而成為鎮宅、祈福、開智慧的不二法門。

關於占卜的重點是，文殊菩薩的藏文發音是「阿拉帕札達緹」尊貴的六字，藉由六根竹籤，分別刻上這六個尊貴的字，經過冥想以及自我身分的默念，並詳加闡述自己所迷惑的事物（如果能夠點上檀香，並於桌上放置文殊菩薩的法相，更佳），將竹筒內的六根籤分兩次抽出，第一次抽出後，所得到的籤字保留之後，再將籤放回竹筒之內，進行第二次的抽籤動作，那麼就會得到

你所想要的答案,可能是第一卦「阿阿」、或許是「阿札」等等,也有人藉由骰子的六個面刻上「阿拉帕札達緹」尊貴的六字,擲骰兩次,求取答案,有異曲同工的作用,重點在於:「心誠則靈、心正則驗」,這一切諸法都是過程,最重要的是迴向。也就是說你藉由占卜遠離了災難,或是得到了新的契機與善緣,務必要行善助人、廣結善緣,去幫助更多需要幫助的人,包括弘揚佛教、尊崇佛法、供養僧侶,甚至於修橋鋪路及捐款助人,都是無上的慈悲,將會得到更多的福報。

以下是關於六個咒字所代表的各層面涵義,尊貴的六個咒「阿拉帕札達緹」,它個別的拼音為「Ah、Ra、Pa、Tsa、Na、Dhi」對於每一個咒字都在不同的層面上有著不同的表意,我們在此就各咒字的內涵意思來做一個討論。

阿「AH」

在基本表義上來說，有著息災、增益、懷愛、誅滅這四種力量，但也可以說這個咒字是一般性的，如果是單獨存在的話，它的意義並不明確。

在「六塵」的說法來看，它代表著虛空、虛幻的意思，在此也可以引申為佛家所謂的「空性」；而在「六根」來說，意指耳朵，可以延伸為謠言或是傳說之意；在「六識」來說，這個咒字代表的是聽覺，即為「耳識」；又以方位來說，它代表著統攝五方；佛部部分是代表著中央佛部；顏色方面我們可以將它想像成統攝一切色的虹光；器官當中又可以把它影射到肺部、呼吸器官以及大腸；形狀方面並沒有固定的型態；以「三界」來說，它代表著天界；就性別來說，它統攝兩性；又拿智慧來說，它是「法界體性智」。

所以光是看到這部分，就可以了解其實占卜者在參考每一個個別獨立的卦斷之外，如果能參考咒字的各層面表義，加以通透，往往可以了解到更深層的細節以及涵義，不宜忽略咒字的表義。

拉「RA」

RA

　　所代表的表義是降伏，如果在占卜中的第一卦
出現了這個咒字，可以解釋成自己有著力量可以
降伏對方。如果是第二字為此咒字，則代表的是
對方會將你逼退，或是你選擇做讓步的決定。

　　在「六塵」的角度上來看，它代表著火，可
以引申為熱、動力、乾燥的意思；在「六根」上
來說，是指眼，引申為觀察以及目擊；而在「六
識」來說，就代表著視覺，即所謂的「眼識」；
以方位來說，所代表的方位是南方；在佛部來
說，代表著西方蓮花部之阿彌陀佛；顏色方面是
代表著紅色；而在器官方面也意指著心臟、循環
器官以及小腸；形狀來說是三角形；在「三界」
角度來說是指人界；性別方面意指陽性；而智慧
方面有著「妙觀察智」的涵義隱藏其中。

帕「PA」

在基本表徵上來說是代表著息災。因此可以延伸出和平寧靜之意，在第一卦出現此咒字，通常會有自己所遭遇的災難平息的徵兆，如果是在第二卦出現，則代表對方寧靜，所以在卦意上面要多加斟酌。其和平寧靜的意思，在某層面上有著不動的涵義，所以如果所問的事情是跟久病相關，出現此咒字就要解讀成疾病因不動而繼續纏身的意思。

在「六塵」方面代表著水，所以可以引申為冷、反省、濕潤等意；而「六根」上來說象徵著舌頭，所以可以直接引伸成口舌及是非的問題；「六識」來說，因為跟舌頭有關，是所謂的味覺，可以稱為「舌識」；方位上來看的話，這個咒字是代表著南方；就佛部來說，代表的是南方寶部，寶生佛；顏色方面來說，是黃色；所相關聯的器官是腎臟、泌尿系統以及生殖系統；以形狀來說，所表示的是圓形；「三界」方面來看，這個咒字有著地界的象徵；性別上來說，它代表著陰性；智慧方面來說，是指著「平等性智」。

札「TSA」

顯義代表著動亂以及破壞，之前所提到的咒字「Ra」有著「降伏」的涵義，可是所代表的程度並不一樣，這個咒字如果出現在占卜的第一卦，則代表著自己自我內心的不安、事業的危機等，如果是在第二卦出現，卻代表著對方即將面臨著危機，但也可以表示對方不願與自己合作，對整件事存在著破壞力。

在「六塵」方面，代表著風，所以引申為風之動、亂、氣等涵意；「六根」方面來說有著身的涵義，引申為直接面對面的接觸；「六識」的角度看來，因為接觸，所以代表的就是觸覺，也為所謂之「身識」；方位上來說，是指北方；而就佛部而論，是指北方事業部，不空成就佛；顏色方面是代表著綠色；器官方面，是代表著肝臟；形狀方面，是代表著橢圓形或是半圓形；以「三界」來說是代表著人界；性別來區分的話，是指陽性；智慧來說是代表著「成所作智」。

TSA

達「NA」

　從表義上來看代表著增益。如果在卜卦時，出現在第一卦，則代表著自己可增益，如果是出現在第二卦，則會發現利益點應該在對方身上。

　在「六塵」方面可以解釋成平坦的大地，所以可以引申成堅硬，也有生氣、生育的意思；在「六根」方面來解釋，可以想成鼻，所以引申為間接接觸；所以在「六識」的角度來說，鼻子所感受的就是嗅覺，就是所謂的「鼻識」；在方位上來說，是代表著太陽升起的東方；而就佛部來說，是代表著東方金剛部，不動佛；顏色來說，這個咒字所代表的顏色是白色；器官的話是指脾臟、胃、膽等臟器；形狀是正方形、長方形；而就以「三界」來說，它是代表著地界；以性別來看，這個咒字指的是陰性；最後就智慧而論，它有著「大圓鏡智」的涵義。

緹「DHI」

表義有著懷愛的意思，如果在占卜的時候出現在第一卦，這是代表自己會受到大家的關愛以及尊重，並且受人賞識，在團體中人緣極佳之意；如果出現在第二卦的話，則代表著對方比自己得人緣，或是你是需要依賴對方的這個事實。

而在「六塵」方面來說，有著識的意思，可以引申為超自然或不可思議的力量，像是鬼神等；而以「六根」的角度來說是指意，引申為思慮、思緒等；也因為是跟思考有相關，所以在「六識」方面是指思維的意思，正所謂「意識」；方位來說，是代表著中央；而以佛部來論，有著中央忿怒尊，如大威德金剛；以顏色而論，是代表著藍色；而以人體臟器器官來論，則是代表著精、卵；以此咒字而言，形狀可以代表著各種不同形狀的複合型狀；「三界」來說是指天界，而特別是指阿修羅界；就性別來說有中性的意義，在這邊也可以想成沒有所謂男女性別分別的事物；以智慧總論則有「金剛智」的涵義。

DHI

文殊開運占卜卡牌的由來

　　由於時代的變遷，現代人講求速食＆速成的文化，古時期的繁文縟節和繁複的占卜過程，似乎已經造成了後人某種程度的困惑與困擾，結合現代的科技以及占卜技術的提升，所以把它做成符合現代潮流的占卜卡牌，藉由類似撲克牌占卜的抽取方式，既可做一個一樣精準的占卜與推論，也便於大家攜帶及使用方便，並把解釋的卦文印於占卜卡上，就沒有時間、空間的限制，方便讀者無論在國內外或是任何的地點占卜，也可避免占卜的過程當中干擾到其他的人或是被干擾，讓大家都能夠得心應手、隨時隨地的藉由占卜去預知愛情、事業及財富的吉凶。

　　當然還是不能脫離心思的專一，以及求善心切的基本原則，才能夠更加的發揮它的準確性。否則容易有微妙的「變卦」現象。

文殊開運占卜方式與口訣

　　首先於心中默想自己想要問的問題，然後抽出一張占卜卡，再依所抽到的牌對照本書中的解說以及詳盡的卦象敘述，並參照其中的開運方式去做一個自我的修正，以及解除厄運的改變，針對好事相近、喜事連連、財運亨通的卦相，更可以藉由卦相註解後段的「開運祈福小撇步」去提升成功率。

　　配合以下口訣，占卜的結果將更為靈感：

　　「弟子○○○恭請文殊菩薩開智慧，藉由占卜的靈牌開啟弟子智慧之門，弟子○○○在○地要問○事情，請藉由占卜牌的抽取給予弟子一個方向，如有應證或得到一正面結果，將會布施行善，廣結善緣，救助貧窮。」

　　除了心誠則靈，心正則驗之外，如有「文殊菩薩唐卡」，並點上三柱香，將會提升其準確性與靈驗度。

　　切記，每日一事，一事一卜，即可。

萬萬不可藉由占卜去設計、陷害他人，或是推算賭博輸贏以滿足自己，那麼這將失去占卜的意義了。

傘下逢吉

【行事低調　見光不宜
　貴人加持　諸事皆吉】

空穴來風

光芒四射

王者之權

甘露良藥

【有　似有若無
　　　心平氣和】

【光彩奪目
　　遭人嫉】

【狐假虎威　借力使力
　靠山有助　穩如泰山】

【久病纏身　心病難癒
　虔心學佛　心悟禍除】

※本書部分內容
有參考蔣貢密彭法
王著作，並加入作
者自己的《易經》
觀點，全部版稅將
供養密宗貝諾法王
興建廟宇贊助。

第三章

三十六個卦象

的八大方向及解說

晴空萬里

【萬里無雲　烏雲不再　晴空高照　隨心所欲】

家運：乍看風平浪靜，但是運勢已漸漸褪去，應
　　　　有所警覺。

財路：宜守成，若想有意外之財較沒有機會，一
　　　　切以順應情勢為佳。忌投機，恐有大破財
　　　　之兆。

心惑：進用莫疑，佳期日至，凡成謀望，不須憂
　　　　慮。待此心願，枯木開花。

人緣：我不犯你你不犯我，相安無事，一切隨遇
　　　　而安，讓自己也靜下心來檢討自己，改進
　　　　自己，可以為自己增添好人氣。

病疾：患者漸漸復元中，需要好好調養身體氣
　　　　息；切記勿動刀。

訴訟：大事化小，小事化無；面對事情保持心平
　　　　氣和，並以禮相待。

魔障：勿胡思亂想，一切都是自己憑空想像。

建議：住家環境宜光明明亮。

尋物：無望，需要投注相當多的心力與精力，但
　　　　尋到的機會並不高，不要抱著太大希望。

姻緣：單身，一望無遺，宜嫁娶。夫妻，婚姻出現危機，表面晴天，卻是一團烏雲，宜好好溝通與解決。

其外：任何事都可以否極泰來，但是忌諱內心有著機巧、不懷好意的不好心態。

開運祈福小撇步

　　這對於家庭的運勢來說，它其實是一個相當好的卦，代表著烏雲將遠離，晴朗的天空將照耀著你的家庭，而這裡頭的晴空也代表著，如果你想提升家中的好運勢，必須要有「點燈」的動作。

　　針對財路的部分，由於是晴空萬里，代表所有的不順心都是來自心中的罣礙。晴空萬里，前提之下就代表說你要勇往直前，也代表著適合遠行去尋求財運。

　　如果針對心中有所疑惑跟罣礙，在此可以分析為雲是一種阻礙，你心中沒有任何的阻礙，不要庸人自擾，只要沒有任何的私心，放手去做即可。

　　針對人際關係而言，你不要太過分的強求任何

的因緣，反倒是你需要自己捫心自問，自己對別人付出的有多少？把自己的姿態放低，慾望放得越少，這樣成功的機率就越高。

針對疾病的部分，多半是飲食不正常或是運動量不足，甚至是自己飲食的習慣不佳而造成的問題。

如果是面臨訴訟的部分，那要千萬注意到無雲晴空代表的是有所波折的意思，對於使用紅色衣物或是往南方的方向走或將自己的座位朝南，這對訴訟方面問題的解決將有幫助。

針對魔障方面來說，一切的魔障都來自於自己的內心，會因為睡眠方面的問題或是居家的問題產生。基本上，家中的環境保持光亮是一定要的，第二、盡量讓自己的座位及床位坐北朝南。

如果堅持要找尋遺失物，記得往居家四周偏南的方向去尋找，會比往北方走更成功。

而針對姻緣的部分，如果要相親見面時，不妨穿些紅色或粉紅色偏紅色系的衣物，去做一個尋求愛情的方向。

日照大地

【日有所成　遠行有益　心存慈悲　功成名就】

家運： 家事心頭不寧已慢慢褪去，先苦後甘，即使有遇到災難都能化險為夷、轉禍為福，勿擔憂。

財路： 資金流動已不再那麼緊張了，一步一步慢慢地來，腳踏實地面對將有一番收穫。

心惑： 心裡的壓力如釋重負，前途一片光明，做事情事半功倍，並且能有機緣接受貴人指點及牽引。

人緣： 多溝通，試著表達自己，以誠懇的心意面對問題及疑惑，會有加分，也會提升自己的人氣指數喲！

病疾： 沒有大礙，不用掛心，即使是重病或是手術都會遇貴人相助，轉災為福。

訴訟： 如有官司在身，皆可和解，或可得到正義之聲，化解誤會屈辱；若無，則平安順心。

魔障： 可得宗教之力量及指示，提升自己的磁場與庇護。

日照大地

【日有所成　遠行有益
心存慈悲　功成名就】

尋物：多用心注意，之前心中所掛念、在意的失物，將會有失而復得的跡象。

姻緣：緣分即將到來，可以順利找到適合的人，再續前緣；已婚的人，家庭平安和樂，幸福美滿。

其外：會有機會巧遇貴人指點迷津，即使是面對困難重重的屏障，也可以迎刃而解、化險為夷。

開運祈福小撇步

　　大日光輝所代表的就是成功的機會。針對疾病的部分，如果之前有保險的動作而現在卜到這個卦，所代表的是你會得到應有的賠償，也就是在病痛方面的解除，或是資金方面的獲得等。

　　尤其在財務方面的訴訟，你所得到的賠償會超乎自己的想像，這是一個不可多得的吉卦。

　　至於魔障方面，針對小人的部分，應該要以破小財賺大錢的方式，可花錢買得朋友的幫忙，以避免小人破壞你賺錢，這算是一種破解危機的好方法。

針對愛情跟姻緣的部分，其實這時候跟心愛的
人要求一些物質上的贊助或是小禮物，都是非常
難能可貴的機會。

　　信仰方面，如果你有供奉黃財神的話，在這部
分可得到的金錢支助，也會讓你有意想不到的好
結果。

甘露月光

【暗中帶明 先苦後甜 貴人相助 災去福至】

家運：弄瓦之喜，婦女與小孩均平安；可得祖上德惠的庇蔭。

財路：有投機之財，但是守不住，切記勿有貪心的念頭。如正當、樂觀地辛勤工作打拚，必定能大豐收。

心惑：可得女性貴人幫助，無論事業、家庭或人際，凡事皆和樂，雖無大喜至少得心安。

人緣：雖然會有阻礙，有犯小人的跡象，但是堅信自己的判斷力，請不要受到外界影響。

病疾：如果是女性，得當心婦科相關的病痛；男性則是肝膽腸胃問題。忌動刀，應以天然食材保健身體。

訴訟：有離別之意；若想迎刃而解，需要花費極大的心力面對問題，才能見得曙光。

魔障：心事重重，切記勿庸人自擾之，可以多找些好友聊天訴說，或找尋母、姐等女性長輩協助解惑。

尋物：有跡可尋，細心觀察推斷，有機會尋獲。

姻緣： 有外遇之徵兆；夫妻的感情深受考驗，應多溝通方能得解。單身男性，以誠交友，勿陷糾纏不清的爛桃花。

其外： 有利於女性，無論面對任何事情，都能事事順心順利。

開運祈福小撇步

　　它是黎明前的一道曙光，呈現在眼前也許是一片混沌不明，而事實上是暗藏喜訊的。

　　針對家庭的運勢來說，其實女性的家屬是對家庭有幫助的，在協議的同時，實以尊重女性為主要的考量反而會成功。

　　錢財運的開拓，無論是簽約、應酬，宜晚不宜早，下班後的晚餐聚會反而有利無弊。

　　人際關係方面，以女性為主的互動是有人際關係提升的空間及機會。

　　針對身體疾病方面，床單、椅套可以使用黃色、米色、橘色系做一個更換來開運祈福。

　　愛情的緣分，並沒有想像中那樣艱苦，衝突會慢慢的化解。

光芒四射

明亮如星 光彩奪目
見好要收 負遭人嫉

光芒四射

【明亮如星　光彩奪目　見好要收　負遭人嫉】

家運：如同注入一股清流般，許多打著大小結的
　　　　事情可以得到適宜的解答。

財路：會有財來財去的跡象，適合購買不動產來
　　　　幫助自己提升資產，亦得守成。

心惑：無解，相當容易自尋煩惱；但利於旅遊、
　　　　出差等，凡從事任何變動之的活動皆會有
　　　　好運氣。

人緣：慧眼獨具的優勢跟隨之而來的喜悅，可在
　　　　適當的時機展現自己的才能，意氣風發。

病疾：會有偏頭痛的問題，精神壓力過大，適合
　　　　放鬆的運動，可安排至戶外活動，多外出
　　　　走走透氣。

訴訟：不要以權勢施壓於他人，以這樣的方式處
　　　　理問題，會讓事情較順利解決。

魔障：心神不寧，注意力渙散，用盡心機安排一
　　　　切事宜，卻換來一切成空。

尋物：虛榮的心態應該要放下，才能得平安和
　　　　樂；勿受影響而入歧途。

姻緣：緣起緣滅。放寬心，放輕鬆，無論面臨任何問題，隨遇而安。

其外：需要抱持著謙卑的心態，虛心求教於有智人士，有望獲得良好的機會。

開運祈福小撇步

　　勇於表達自己，才會化解周遭人對你的誤會。在追求錢財方面，千萬要懂得去據理力爭應該有的福利。

　　人際關係方面，除了可多參加社團活動以外，舉凡演講以及演唱會等都是可以多方面涉獵、參與的，並因此有意想不到的收穫以及成果。配戴金屬相關的飾品，或是比較亮面的皮飾，有助於讓自己在事業、人際方面更加的成功。

　　身體疾病方面，反而會有小血光發生的可能，若是心中有任何的罣礙，要懂得利用晴空萬里的時期，多到戶外走動。

　　愛情跟婚姻是被祝福的。居家開運風水則建議，故障的燈飾需更換修理，昏暗不明的走道，可用壁燈的加裝修飾，來提升家運以及事業。

遍地黃金

【大地藏金　無所不在　予取予求　沉穩有成】

家運： 就如同茂盛的大樹一般，發光發熱，氣焰高升，主平安。

財路： 受到財神爺的眷顧，適合做置產的規劃以及計畫。

心惑： 內心困惑並且茫然無知，必須要定下心來從長計議，考量並且規劃自己所需要的一切事務。

人緣： 可得到貴人的提攜，因此而提昇自己的地位，並且能增加自己的人氣，事事順心。

病疾： 請注意喉嚨的保養，在飲食方面要多注意吃的選擇，必要時得忌口。

訴訟： 口舌是非的問題繁多，要放寬心，放下仇怨之心，並在心中牢記「宜解不宜結」的想法。

魔障： 會有犯小人的傾向，盡可能多積善緣，也可以供奉「蓮花生大士唐卡」，以得安寧。

尋物： 可往東邊的方向去尋覓，會有適當的靈感

以及線索，也會有失物復得的機會。

姻緣：尚未結婚的人，比較難尋覓到良緣；已婚的人，感情會穩定，但自己別有太多煩憂，並忌猜疑。

其外：凡事以守為進，事事多規劃、多思考。

開運祈福小撇步

錢財運無往不利，穿著米色、黃色、橘色的外衣去談判，會更加順利。

家運方面，無論是裝潢、整建或是土地買賣都有很大的空間。

人際關係方面，走到哪裡吃到哪裡，處處備受歡迎。

身體的疾病，破小財可以化解大災難。

感情部分，要懂得勇於跟對方爭取自己應有的福利以及權利，會有很圓滿的結果。

聲如鴻鐘

【真心傾聽　逆來順受　福音傳承　造福家人】

家運：其代表的運勢主要是幸福和睦，有弄璋之喜，平安。

財路：財源廣發，財運及財源都很發達，一路長紅，並且飛黃騰達。

心惑：凡事都順心如意，不用做太多的憂慮擔心。

人緣：跟朋友相處順利，並且會得到很多幫助，但是要切記，勿做兩方傳話的中間人。

病疾：在問題點上多利用智慧及積極面對，皆可以從問題點直接切入化解，主平安之喜。

訴訟：可以的話，多接納身邊人的意見，問題都可以化解平息。

魔障：沒有明顯的阻礙，但勿疑神疑鬼，自己擾亂自己的心智，而導致走火入魔的錯亂。

尋物：多方面的疑問可以獲得解答或是解釋，只要自己用心即可。

姻緣：未婚者，需靠長輩介紹，才能有機會遇到好伴侶；情人間，多聽聽長輩的經驗與意

見，會有機會廝守到老。

其外：主要代表著貴人的福氣，請不要庸人自
擾；並且切記要遠離口舌的是非糾葛。

開運祈福小撇步

　　金剛的聲音，金剛代表著除魔解厄、去除厄運
的意思，主要的意思是表示你必須有所動作，有
所發表、有所表達，這樣你的徵兆才會得到一個
好的互動關係，比如說在家庭運勢當中，在面對
問題時要做溝通，而不是一種情緒性的爭吵，而
此就是一種轉禍為福的開始。

　　針對財運的部分，如果可以主動撥打電話給客
戶或是對方，藉由這種傾聽的聲音來做互動，會
使自己的錢財運更加的活絡而且圓滿。

　　在人際關係方面，要懂得讚美別人，同時不要
有太多的埋怨跟牢騷，將會使你更加的成功。

　　在疾病方面的醫療，要注意必須要把真正的病
情對醫生做詳實的表達，這將使你遠離病痛，痛
苦的時間會越來越少。

　　在姻緣方面，希望讀者能在感情上去對對方做

一個真正愛意的表達，而不只是默默的耕耘，因為對方看不見、也聽不到你對他的感受，所以勇於表達，讓金剛的聲音傳達到對方的內心，那麼所帶來的震撼跟感動，會讓你得到正面的回應。

居家的部分，最好能夠多播放自己喜歡的音樂，比方說是《心經》、《財神咒》，或是聆聽自己喜歡的西洋歌曲，都是很好的。針對這樣的合諧的演奏以及賞心悅耳的聆聽，使自己的心想能更早形成。

光明之燈

【前途有礙　渾沌難明　貴人照料　一掃陰霾】

家運：主要象徵著困擾，所以心存善念，多參加
　　　超渡法會，可以使你的心靈得到安樂；對
　　　於一切不順，有耐心就可得到助力。

財路：之前所付出的努力，終於有了回報以及收
　　　穫，也象徵著有小小的財富降臨。

心惑：靜下心來，多運用你的智慧，把原則跟思
　　　緒整理好，便可以化解心中的疑惑。

人緣：跟人相處方面相當得心應手，並且有左右
　　　逢源的好運；但請避免當中間調解人員。

病疾：血光之災沒有辦法避免，應多加注意行車
　　　方面的安全，或是可以利用捐血來化解。

訴訟：沉著應付一切問題，而且不要慌亂，便有
　　　可能遇上意想不到的好運。

魔障：帶有希望，而且問題並非慘痛致命的苦
　　　痛，多去尋問他人的意見，有機會遇到不
　　　錯的指引。

尋物：對於失物可以往西方尋找，會有失而復得
　　　的機會。

姻緣：緣分並不明確，不可強求；若是感情穩定
的男女，有機會可以進一步論及婚嫁。

其外：絕對不要坐以待斃，面對問題最好積極地
設法解決，才是根本的方法。

開運祈福小撇步

明燈在此代表的意義是，你周遭暗藏了很多的
小人，阻礙相當多，黑暗中伸手不見五指的情況
下，你會有吃悶虧的可能。以風水陽宅的開運方
式會建議你，離開家中出外工作的同時，切記桌
燈要保持打開的狀態，將房內不好的氣息透過光
明的照耀，而慢慢的消失。

就職場方面來說，在安全的情況下，要把你工
作位上的桌燈，在安全的情況下點亮整夜，這會
帶給你更好的運勢。

穿著方面要盡量遠離暗色系的衣服，使你不要
再受烏雲或不好的黑暗所影響，所以亮色系的衣
服像是橘色、黃色、紅色等，都是帶給你好運的
開始。

明燈此卦也象徵著明亮的眼睛，代表你閱人

要更懂得謹慎挑選自己的朋友以及長輩，若眼不明，耳不聰，那麼別人說話你聽不懂，別人在生氣你看不見，別人害你你又不能察覺，這樣他人帶給你的厄運將會緊連而來，使你無法脫除壞運。

【錦上添花 喜上加喜】
【獲利得財 行善助人】

油添福來

【錦上添花 喜上加喜 獲利得財 行善助人】

家運：主要代表著家道的興旺。也有另一個涵意，是因祖上積德得庇蔭。

財路：有著意外之財的傾向，財運方面相當順暢，也象徵著有小財富的機會。

心惑：萬事皆如意順心，請不要杞人憂天、自尋煩惱。

人緣：面對凡事都用善心對待，所遇到或是交往的對象自然都會吸引可以互相幫助，並且有福氣的人。

病疾：應多加小心注意的是心血管方面的疾病，或新陳代謝的問題。若無，即是小病痛以及操煩過多。

訴訟：象徵著面對、處理問題時，有壓倒性的勝利；但千萬切記，勿加害於人。

魔障：心神不安不寧，並且有意亂情迷的徵兆，心中千萬不要有著不當的念頭。

尋物：有機會可以得智人的指示，對於心中掛念的失物便容易尋得。

姻緣：婚姻方面，天賜良緣，若談及婚嫁，可以
　　　　美滿；若是已婚者感情出現危機，也可化
　　　　危機為轉機。

其外：可解釋成富貴吉祥之格，不用憂心，並且
　　　　可得祖德厚佑。

開運祈福小撇步

　　這是一個非常好的卦象，它所代表的另外一個
意義就是錢財運方面有進展，家運越來越亨通，
人際關係有提升的同時，或是你自己賺到超乎自
己想像的金錢。

　　還有婚姻關係越來越好的情況下，也許求子
有成，別忘了添油代表的意思就是一個佈施的動
作，會使好事更加的延續。所謂佈施就是指捐香
油錢的意思，你可以將你賺的錢，遇到的好事情
來跟貧苦的人一起分享，也許做個小捐款的動
作，也許到寺廟中去添燈油錢，或是捐款去幫助
更需要幫助的人，將你賺到的錢以及得到的幸福
喜悅跟大家分享，這樣會使你錦上添花，喜上加
喜，也會有助於你將這份喜事延續下去。

心魔有礙

心魔有礙

【心有罣礙　死心塌地　堅持前嫌　舊怨難消】

家運：有家道中落的跡象，並且挾帶著血光之災
　　　　等問題發生。

財路：財運方面會有阻礙，事事不順心，並且力
　　　　不從心，可能得為了消除災厄而破財。

心惑：無解，凡內心所嚮往、在意的任何事情以
　　　　及掛念的困惑，都沒有心力及方向，並且
　　　　阻力不斷。

人緣：沒有人可以了解，也沒有人可以支援協助
　　　　解決問題，適合以謙卑平和的心態去一一
　　　　化解。

病疾：身體有重病的人，宜靜心，並多祈求神明
　　　　護庇；有小病在身的人，會有接二連三的
　　　　病痛不斷。

訴訟：會有牢獄之災，過去、現在的是非、恩
　　　　怨，有如排山倒海一般接連而來。

魔障：有多災多難的傾向，當心心術不正導致走
　　　　火入魔，可供奉文殊菩薩得以開智慧，來
　　　　努力面對化解。

尋物： 心中在意的失物難以尋回。要有心理準備，就當是丟了一些壞運氣。

姻緣： 感情方面並不美滿，嚴重的話有失和的問題；若是有成婚的念頭，需要三思。

其外： 可能會有身喪命殞，或是色心離開的境況，要當心。

開運祈福小撇步

面對第九卦來說，死魔，如果你抽得這個卦，你心中也許有許多疑慮不滿，這是一個置死地而後生的代表。

當你遇到婚姻方面的問題，其實用時間來換取空間，可以經過一、兩個月後，再一次透過卜卦祈福，也許會有新展望。

錢財運方面，死魔來自於心魔，有時候是因為內心的貪念所造成的，當你在想著拓展自己的事業、行銷以及擴充自己的工廠，或是想做大生意的同時，還是一個大原則，注意周遭合夥人是否帶有不好的心地或是可能帶來不好的危機，或是你自己做出了無法負擔的事情，應該要量力而

為，更謹慎的做評估。

　　就家中的運勢來說，家中成員或許會有病痛，但不一定都是絕症；家中如果有刀光、血光、外傷事件的發生，盡速就醫，絕對是好的。

　　人際關係方面，還是少外出、少應酬為佳；少開口，則可以化解不必要的紛爭發生。

　　針對感情部分，因為死魔代表著已經死亡的意思，可能是其中一方的惡習一直無法改正，造成彼此對對方都有一種死心的現象，這對往後的互動：像是結婚以及感情的交往都是一種阻礙，所以必須要有全新的改變，或許你們在談戀愛，你們的居家環境，或是將來選擇互動交往的景點要有所更新，而不是一成不變的在原點空轉，不然死魔所造成的問題會更加深。

　　動中取變，變中求異，將使自己超脫一成不變的厄運。

王者之權

【狐假虎威　借力使力　靠山有助　穩如泰山】

家運：象徵著有弄璋之喜，也代表著人丁旺盛，家運順遂、興隆，權勢在握。

財路：意指財星高照，有權勢帶利的優勢；切記不要存有小人之心的心態。

心惑：心底對於疑慮自然有方向，以自己的智慧靜下心來，便可以解除困境。

人緣：會有目中無人、盛氣凌人的狀況，需要收收自己的銳氣，遠離巴結之酒肉朋友。

病疾：會因為遇到良醫，而使得病情有好轉的趨勢，不需要擔心憂慮。

訴訟：沒有太大的阻礙，並且會有權貴人士相挺，也有機會化敵為友而和解。

魔障：有護法在身，無論身在何處，面對一切人、事、物皆意氣風發。

尋物：有機會可以尋回所失去的物品，也有貴人幫忙的跡象，相當順利。

姻緣：未婚者，可望覓得良緣嫁入豪門，或是娶到貴公主；已婚者，夫妻之間相處不睦，

王者之權

【狐假虎威　借力使力
靠山有助　穩如泰山】

很可能有外遇之兆。

其外：因得貴人之協助而得此權勢，應該要多加
珍惜善緣，勿因此驕恣而浪費福分。

開運祈福小撇步

　　王權所代表的意義，就是有貴人相扶持，無論
你要做任何事情，一定會有長者在背後做你的靠
山，如果你只是一意孤行，單打獨鬥，就枉費了
這個卦所帶來的吉兆，也就是說你在家庭的糾紛
中，必須找一位具有地位的人來替你撐腰，那麼
你會如願以償的去表達你所需要及想要的東西。

　　在工作方面，你一定要找一個大公司或是穩定
的公司來做靠山，或是做為簽約及財運擴充的依
據，而不是自己空想及單打獨鬥，沒有很好的背
景，那麼你將會失去良好的財源；另外也可跟大
企業以及公家機關做一個結合，這樣的話你的錢
財運會更加的成功。

　　人際關係方面，如果你受到人家的欺侮，不要
擔心但也不要自己獨自去面對，應該找更有力的
同儕與同事來幫你撐腰，也可說是有一點狐假虎

威的意思。但是這隻老虎在你身旁陪著你，可以幫你帶來更多的威信，讓別人因為你有貴人以及王權的扶持，而敬畏於你。

疾病方面，切記要找有權威或是有知名度的醫生，寧願等待，也要找到有威信的醫生、藥師來替你配藥，或是做醫療方向的指導，這樣對於你疾病方面的痊癒將會更成功的。

針對訴訟的部分，一定要記得，這個王權所代表的意思，就是你的背後有一股很強大的力量在支持著你，你必須要善用自己的人際關係找到有權有貴的人士，可能是民意代表，可能是我們口中所謂有社會地位的人士，來幫你一起解決這個訴訟的問題，事情的進展不僅會更順利，也能如願圓滿。

在愛情部分，其實彼此都有好感，但是沒有長輩來推動你們的互動，或是請一個有地位的長官來做一個保證，那麼你們的愛情路反而會更辛苦。要善用你身邊的貴人，這樣可以讓你在愛情路上更成功。

枯菱老樹

【落葉歸根　生機不再　草木皆枯　冬去春來】

家運：外表看起來華麗，但虛有其表，外強中乾，有不切實際的徵兆。

財路：主運並不富裕，還有破財的跡象。可以供奉「財寶天王唐卡」，代表著財富、福報。

心惑：面對一時之迷惑或是意亂情迷，切記要適可而止，不要因為貪心而讓自己淪入災禍之中。

人緣：內心自卑，有不願開啟自己心房的傾向，與朋友難有往來。

病疾：體弱多病，造成身體小毛病不斷，會影響工作或日常生活作息，應當小心注意，尤其是皮膚病，或是虛火。

訴訟：會有官司纏身，所面臨的是非恩怨陷入困境或是澄清不了，有苦說不出的傾向。

魔障：精神出現異常，遭遇祖靈阻擾身體、心靈，導致身心健康問題百出，憂心不斷。

尋物：需要花更多的時間、精力來尋找失物，但

是千萬不要抱著太大的希望。心境主隨遇
而安。

姻緣：未婚者，是否應該問問自己內心世界的真
正想法，忌任性倔強；已婚者，可試著二
度蜜月來增加彼此的情感。

其外：傾向以不變應萬變，發生的任何事情有較
難圓滿的趨勢。

開運祈福小撇步

在《易經》當中，樹為木，木為東方，也代表
綠色的意思，而這裡所呈現的為枯萎之象，所以
在與人談判的時候，盡量不要選擇接近樹林或是
山區的地方。對生病者來說，衣服可以盡量避免
選擇綠色來做考量。

在財源開拓上，如果你所開拓的或是簽約的產
品，是與木製品或是綠色相關的話，請務必多做
思考，因為它代表著財源不能拓展，甚至會帶來
所謂敗財的現象。

戀愛中的雙方，甚至是婚前或是婚後的彼此，
面對自己感情波折的同時，也需注意家中不宜種

植太多的樹木，或擺放木雕製品，這會讓帶來問題惡化的因子不斷的演變，而導致無法挽回的地步。

以此卦來看，如果家人計畫出門遊玩也要特別小心，盡量不要去偏東方的位置，像是台灣的東方、美國的美東、中國大陸的上海等，若要去旅遊的話這些地方要避免，可以減少不必要災難的發生。

吉祥之門

【財來祿往　有進有出　唯有吉門　可守可留】

家運： 家門顯赫、家運興隆，有富貴和樂的平安傾向。

財路： 在財運方面會有好消息，並且會有財神報路，意外之財會從天而降。

心惑： 面對事情，能以智慧得到自己目標想要的人、事、物；讓心沉靜思考，自有方向，不必擔憂。

人緣： 身邊往來的人物都是智者，可以多聽聽別人的意見，確認自己的想法後，再做決定。

病疾： 可說是福星高照，對於一切病痛只要好好調養便無大礙，不用掛心。

訴訟： 在官司訴訟方面，可能需要花一點時間來解決，但亦無大礙，勿憂心。

魔障： 多安排到郊外走走、活動，可以排除心靈上的晦氣，以及不好的壓力。

尋物： 對於失物皆有跡象可尋，或可藉由朋友幫忙代找，有機會將失物尋回。

姻緣：有相當好的機會可以尋覓到適合的伴侶，
應該積極主動，並且好好珍惜善緣。

其外：主謂吉祥的意思，工作、感情、生活等大
小瑣事，皆事事順心。

開運祈福小撇步

　　吉祥之門代表的就是豪門貴族的意思，也有著
開口財的意思，所代表的意義就是當你在求財的
時候，要試著多開口勇於表達自己，或是對自己
的專業做一個敘述，如果你都「恬恬三碗公」的
話，可能沒有辦法增加更多的錢財。

　　至於人際關係方面，應該要多多造訪左鄰右
舍，以及與家中家人多做互動，在運勢的提升方
面將會有好的機會。

　　在訴訟方面，這是一個轉禍為福的徵兆，所以
不要放棄上訴或是申告訴訟的機會，本卦代表的
是你會成功，既然有這樣的機緣，自然不要去浪
費了這個吉兆。

　　針對身體疾病方面，這個卦告訴我們不宜找太
小的醫院，最好選擇省立、國立大醫院，會遇到

好醫生而幫你解決一些不必要的病痛。

　　求婚姻的話，它代表著是有嫁入小豪門或小開的機會，至少對方對你的呵護是備至的；至於婚前是否可以買到房子也是一個重要的考量原則，若得此卦表示機會是很大的，可以好好把握。

瓶中甘露

瓶中甘露

【瓶中有物　物中有喜　君子有疾　憂去喜來】

家運： 主要的運勢平平，沒有大好亦無大壞，建議持保守的心態去面對一切問題。

財路： 切記千萬別投機取巧，適合守成，並不適合拓展財祿，以免造成不必要的浪費。

心惑： 容易因為心煩意亂、思緒過多而得心病，影響自己身體、精神方面的健康。

人緣： 待人處世要多說好話，才能因此招來絕佳的人氣。

病疾： 在身體疾病方面主平安，無大礙，慢慢調理即可得一健康身體；可供奉「藥師佛唐卡」增加好運。

訴訟： 少一點衝動，多一點智慧，讓事情簡單化，便可以相安無事，度過惱人的官司訴訟。

魔障： 沒有魔障干擾或是影響。如果不放心，不妨多多聆聽佛樂，讓身、心、靈得到淨化與平靜。

尋物： 是不是因為自己的健忘，所以才找不到

呢？仔細的想想，也許遺失的物品就在離你不遠之處喔！

姻緣：心裡的猶豫，是因為很多的不安所造成的，試著問問自己到底想要什麼，才不會造成一輩子的遺憾。

其外：用智慧便可以解決，雖然沒有百分百絕對的好運，至少面對疑難雜症會心安許多。

開運祈福小撇步

甘露瓶代表的是一種醫療，可說是心靈治療中最強的法器，它所代表的家運，是象徵著家人可以破鏡重圓，兩代之間的問題可以藉由時間或是彼此的體諒、包容，來做更委婉或是更平和的處理。

至於錢財部分，若從事醫學、藥劑以及相關工作，或是科技生化的研發，這樣的成功率會更高。

針對此卦，如果要求取錢財，千萬要記得循序漸進的道理，就如同人在服用慢性藥品的感覺是一樣的，而不是突如其來的橫發感。

　　人際關係部分，如果身邊親友有罹患重症的情況，那你千萬要藉由此好運勢，多去關心在健康方面不順利者，那麼在患難中自然見得真情，將來會奠定你更好的人際關係。

　　在病痛方面，如果是自己或是家人有不好的疾病，本卦是個非常好的卦象，代表慢慢會痊癒，也就是說就算是手術，也不會有太多的痛苦及危機。

　　訴訟部分的話，需特別注意行車方面，或與他人在肢體語言部分所造成不必要的流血以及爭鬥，應該以心平氣和的冷靜態度去處理，這樣才不會有太多的血光發生。

　　感情部分，代表著心靈的藥，兩人應該在心靈溝通上多去體諒對方、了解對方，而不是急著想去改變對方，那麼這樣會使卦象中吉祥的徵兆更為明顯。

塘中死水

【塘中有水　活水難求　靜守求吉　坐以待斃】

塘中死水

【塘中有水　活水難求
靜守求吉　坐以待斃】

家運：在家運方面有每況愈下的情況，如果沒尋求適當的解決方案，可能有血光等嚴重的情形發生。

財路：沒有好運，若能守得住現有的狀況，已是不幸中的大幸。

心惑：面對罣礙在心中的問題真是庸人自擾，一直在原地打轉，想解決問題也是無解。

人緣：來訪者皆沒好事，多一事不如少一事，也許應該思考一下自己的交友狀況嘮！

病疾：女性恐有婦科疾病，男性則易有心腎方面的問題，應立即做一個詳細的身體健康檢查，讓自己安心。

訴訟：官司訴訟方面只能得過且過，因為禍根已發芽，需慢慢、慢慢的調解，才能避免不必要的事故。

魔障：因為陽宅格局欠佳，所以導致家事不寧，在家中可擺放「九宮八卦咒」，求得事事順心。

尋物：心中在乎的愛物憑空消失，不見了，心境
　　　上就當擋了一次劫難，別想太多，加油。

姻緣：婚姻亮起黃燈，感情出現了不小的瓶頸，
　　　在短期內要解決恐怕有很大的困難。

其外：此占象，不適合做任何新的決定，易有失
　　　誤，也不適合有所變動，應用智慧來化解
　　　此結。

開運祈福小撇步

　　死水塘，塘中有水，但此水呈現出靜止的情
況，這代表著你有著消極的態度。在錢財方面，
絕對不能困守在一個地方，要去做多元化的開
發，有水自然有財，而水中並沒有所謂的氣，水
必須要流動才能增加錢財，所以你可以向他人做
資源的提出，使自己的錢財運能夠更加的活絡，
才能走出此困境。

　　至於家運部分，切記千萬不要去買坐南朝北
的房子；家中若有藍色、黑色的裝飾品應該要移
除，而家人彼此間有著聚少離多的死結，不妨以
聚少離多的方式來化解，或是藉由旅遊、外出留

學做一個彼此暫時緩和的方式。

　　人際關係部分，切記與人談判的時候千萬不要穿著過多帶有紫色、藍色、黑色的衣服。

　　正在戀愛中的男女盡量不要靠近水邊，像是有河、有湖、有海的地方，不然彼此間會有心結無法超脫。

　　至於病痛方面，如果是開腎臟或是泌尿系統方面的手術，應該要更加謹慎，因為它代表的是危機四伏，將使手術失敗的可能性增高；有病痛纏身的人更千萬不可選擇坐南朝北的方位，會使惡化的現象加重。

　　面對訴訟的同時，要建議所有的讀者以時間換取空間，以拖代打的方式，讓整個訴訟的時間或是宣判的時間延長，或是利用技巧讓自己超脫這個困境，使這灘死水慢慢地化為活水，這樣機會會更多。

甘露如海

【情海浩瀚　此起彼落　心病心藥　風平浪靜】

家運：主平安，可以得神祖庇佑，也需要多參加一些愛心慈善活動來累積自己的福氣，將會讓家運越來越興旺。

財路：在錢財方面會有財來財去的趨勢，較難有守，但也可以解釋成懂得享受人生。

心惑：勞心勞力，煩惱層層疊疊，其實問題並沒有那麼嚴重，單純是自己想太多了，放鬆心情會有意想不到的收穫。

人緣：兄弟相挺支持，朋友鼓舞聲勢不斷，給自己一點自信，其實大家都是很喜歡你的。

病疾：泌尿系統會發生問題，宜多喝水，切記不要憋尿，並且維持作息正常，使得精氣神充足。

訴訟：事情幾乎都可以圓滿解決，不用擔心，官司方面可順其自然。

魔障：陽宅格局最好以明亮為主，大方乾淨，給自己一個舒適良好的環境即可。

尋物：雖然需費一點時間來尋找失物，但是有機

會得好心人幫忙，可望物歸原主。

姻緣：感情平順，可能會有一些紛爭，多多包容
即可度過，以免失去一段好姻緣。

其外：適合多出外活動，適合安排像是國內、外
的旅行，可藉此增加自己的眼界，也有不
錯的旅遊運。

開運祈福小撇步

　　甘露海也代表著是一段絕處重生的愛情，所以
說故人重逢或是你過去所遇過的對象，在這段時
間你可以主動做一個告白，這樣在愛情路上會更
加的順利、成功；如果有蜜月的打算，抽到此卦
可以以海島國家做為蜜月的地點。

　　錢財運方面，浩瀚如海，貴人運很旺；就經濟
支援及投資方面來說，都是個不可多得的良機，
可以勇於挑戰及付出。

　　家運部分，家人之間的互動氣氛非常的和氣、
融洽，而且對彼此來說都會有很好的庇護，尤其
是與女性家屬之間的互動及幫助，會有難以想像
的好機會。

　　至於尋找東西方面，會有石沉大海的感覺，不過努力去尋找，還是會有一線生機。

魔聚災來

【心魔橫生 心貪禍來 心平氣和 災難遠離】

家運：家運主不順遂，與家人的互動多紛爭；若家中有懷孕的婦人，可能會有流產的傾向，請特別注意孕婦與胎兒的健康與安全。

財路：破財之兆，切勿與他人合夥投資，可供奉「財寶天王唐卡」緩解破財格局。

心惑：身心疲憊，事事煩悶；聆聽佛樂，可幫助靜心；心神安定，將有助於排解心惑。

人緣：主運不睦，易受他人冷言冷語的對待，建議要讓自己放寬心，不要被影響到。

病疾：主運痛苦，暫時不要安排開刀或手術。

訴訟：官司纏身，口舌是非不斷，令人心生煩憂。

魔障：面對人、事、物心懷不軌；待人處世方面，容易因為自己不良的抉擇，而招惹來不必要的麻煩。

尋物：尋物無望，勿執意強求。

姻緣：已婚者，表面風平浪靜，其實關係如履薄

冰；未婚者，選擇與判斷易出錯，宜謹慎評估。

其外：諸事不吉，事事憂心、操慮，要格外留意內心的平靜。

開運祈福小撇步

　　所有的一切都會有突如其來的災難，會有迅雷不及掩耳而使你無法接受的事情。

　　在錢財方面的投資，要趕快縮小規模，可能是交友不慎，而使朋友為家裡帶來陷害。

　　至於家運部分，一定要注意家人可能有病痛或跌倒摔傷的事件發生，或是我們所意想不到的血光；應避免遠行或從事有重大危機的休閒旅遊。

　　針對人際關係的部分，記得要時常說好話，面帶微笑去面對每一個人，那麼想害你的小人自然就會遠離你。

　　身體病痛方面，可能會有一場嚴重的慢性疾病或是開刀的苦痛，所以必須面對及接受事實；尤其是自己的生活習慣更要懂得去做一個修正，免得病情惡化。

應酬交際方面，也要懂得去適當避免；官司訴訟方面，會有面臨敗訴的可能，如何解決？不要像多頭馬車、東奔西找去到處找尋方法，專注找一個人、事、物能幫你解決問題的，才能避免所謂的狐群狗黨對你造成更多的危機。

　　姻緣部分，代表著有被橫刀奪愛的可能，介入的人可能是你的朋友、同學或是客戶，或是你身邊的鄰居，第三者無所不在，必須小心提防周遭的朋友。

金蓮蓮花

金蓮蓮花

【蓮花近佛　慈悲為懷　財來福至　歡喜與共】

家運：主運萬事如意，可得福報，家運無論人、
　　　　事、物皆平安順利。

財路：財運方面亨通，但是切忌讓虛榮心高升，
　　　　不然勢必導致破財。

心惑：在面對疑惑的當下，需要一點刺激，讓自
　　　　己的心裡更有衝勁和力量，來面對一切挑
　　　　戰。

人緣：人氣很旺，可以多利用這份人氣來轉化、
　　　　增加工作上的好運勢。

病疾：應多加注意心血管疾病，多一份檢查，多
　　　　一份安心，預防勝於治療。

訴訟：官司訴訟有辦法可化解，會遇到有智慧的
　　　　檢察官，如果有不服，可以藉此還一個公
　　　　道。

魔障：可得祖先福報，在處理事情上不會有魔障
　　　　的考驗，或是侵擾來干擾一切。

尋物：辛苦一點，如果不是很重要，可以當作消
　　　　災難，不必尋回也可；如果很重要，可尋

　　求。

姻緣：未婚者，跟另一半的姻緣可以有機會開花

　　　　結果；已婚者，夫妻之間感情濃厚甜蜜。

其外：主運表示可以開花結果，面對一切人、

　　　　事、物，只要好好努力，皆能順心。

開運祈福小撇步

　　這是一個不可多得的好卦，此卦象徵的是福

報，也代表著帶有財源支柱的一種幫忙，而這種

財源通常都是口耳相傳，或是做事情形象的一個

總整，包括一個很好的擔保人出現。金蓮花所代

表的就是西方的意思，所以在開拓財源方面，盡

量以金屬相關的事業為考量，甚至對方的公司或

是名號尤以帶金屬字者為佳；如果往西方求錢

財，將會是個不可多得的好機會。

　　談戀愛的同時，可盡量多穿戴白色的圍巾、襯

衫，或是帶有白色點狀的衣服，來開拓個人的愛

情運。

　　家運的部分，代表的就是長者的意思，也代表

著母姐之愛，這段時間媽媽跟姐姐給你的幫忙會

超乎你的想像，同時還帶有一些錢財的資源，這是一個非常值得珍惜的機緣。

　　針對尋找失物方面，尋獲的機率極高，但是大原則是需以往西邊找尋為主，也就是太陽西下的方向。金蓮花的代表意義中也象徵著佛性，如果能以慈悲心去尋找你的失物來做為一個開始，則會更好。

甘露良藥

【久病纏身 心病難癒 虔心學佛 心悟禍除】

甘露良藥

【久病纏身 心病難癒
虔心學佛 心悟禍除】

家運：家中問題得解，只要稍微修改一下自己住家風水、陽宅格局上的缺點，便能平安喜樂。

財路：財運方面主運平平，過得去即可，但是可以藉此好好提升一下自己，才能創造未來的財路。

心惑：心中的疑惑可以得解，將惱人的煩惱慢慢放下吧！放寬心面對一切，事情會順利解決的。

人緣：面對人可以試著多說點好話，有機會能慢慢增加自己的人氣，並且有助於增加好運喔！

病疾：身體若有疾病，藥到病除，主運代表順利康復，健康方面多注意便沒有大礙。

訴訟：即使有官司訴訟，也能輕易化解，但切記面對事件及對方要心存慈悲，其實沒什麼事情。

魔障：幸運可得有護法護體，沒有魔障，但主運

有疑神疑鬼的趨勢，不要心存雜念與懷疑。

尋物： 心中掛念已久的失物可以找得到，只是需要多花一點時間和精力去找尋。

姻緣： 由長輩做媒，可以和平共處一輩子；若是戀愛成婚，很可能會有小爭吵或是意見不和的情況頻頻發生。

其外： 主要解釋為面對大大小小的問題皆可以解決、化解，但也要心存積極面對。

開運祈福小撇步

代表事業以及財務長期累積下來的問題亟需有良藥來醫治，也代表著是你在開運方面得主動尋求貴人，這樣會把你漏財的破洞做一個修改，另辦公室、居家也會有漏財的局勢，也需要做個修改。

家運方面，代表著家中有人有病痛，長期服用慢性藥或是面對手術的一個痛苦，還是要以居家中的床位來作為一個考量，可請風水師做鑑定，不要聽信江湖郎中的秘方，而讓病情惡化。

人際關係方面，也許有小人在背後說壞話，可請身邊的朋友、貴人伸出援手幫忙，或是上位的朋友，或是對你印象好的朋友，小人會因此遠離。

　　愛情部分，會有一起出外遠遊、旅行，也會有遠嫁他鄉或移民的機會，是個相當好的契機，千萬不要錯過。

傘下逢吉

傘下逢吉

【行事低調　見光不宜　貴人加持　諸事皆吉】

家運：主運代表意思為平安和樂，家裡人氣會慢慢的增加；如果有孕婦，懷男孩的機率很大。

財路：在財務方面會有得小財的趨勢，也可說有機會得到一筆意外之財。可能是獎金之類的。

心惑：生活安逸平穩，但主運內藏有胡思亂想的傾向；要放寬心去面對自己的困惑。

人緣：人氣不差，但是有犯桃花的問題，如果可以，可將這份桃花轉為一種工作、事業，或是人際關係上的助力喔。

病疾：主以心病為重，但是對於心中的疑惑、掛念而影響身體健康，回現實面還是得以心藥醫治問題的根本。

訴訟：官司纏身已經很長一段時間了，請耐心地靜待一切好消息，便有機會可以化解。

魔障：主要大趨勢為平安，也沒有魔障的問題造成影響。

尋物：失去的東西有機會找得到，但是自身是否
　　　已經遺忘？或是也沒有找回來的意思？

姻緣：天定姻緣，時機好的話可以趕快結婚；但
　　　若是已婚者，可能需要好好溝通，化解心
　　　中的結。

其外：主運保護，不管面臨了什麼樣的難題，都
　　　能順利解開。

開運祈福小撇步

　　白傘象徵著遮蔽、低調，代表含蓄，若張揚即
會流失。財運方面，賺錢不要太張揚，錢財才能
守住；在你的財位或是聚寶盆的部分，可以用白
色修飾，這樣錢財才可以凝聚。另外若要求錢財
運可往西方去，這樣錢財運會更廣闊。

　　家中運勢方面，代表家中有貴人來扶持，而幫
家中不和或是災難來做一個化解。

　　人際關係方面，對晚輩的呵護，將吉祥白傘
的功用發揮到最大，這樣也會對事業有更好的提
升。

　　至於訴訟部分，會有轉禍為福、轉敗為勝的

機會，不過不宜單打獨鬥，還是要請律師或是相關人士幫忙，使得訴訟能更成功。前往法院的時候，或是訴訟的過程當中，穿著白色衣物會對你有良好的影響。

干戈大火

【心火難消　大動干戈　心平氣和　兵去官來】

家運：應該要小心防範家裡面瓦斯、電源之類等等的開關，主要家運有不幸的傾向。

財路：有破財的趨勢，建議供奉「財寶天王唐卡」，並且忌與朋友或任何人投資合夥事業。

心惑：有胡思亂想的趨勢，心思受外在影響並不安定，並且會因心亂神迷而闖下禍。

人緣：在人際關係方面，面臨被排擠的狀況，主運以不睦為趨勢，也許會遭受冷言冷語，但勿掛在心上。

病疾：主要以痛苦為主，可以的話請避免開刀等血光。可以多採納一些走過病魔折磨的人的感受。

訴訟：官司訴訟方面，主要以官司纏身為主，大大小小的口舌是非不斷。

魔障：有心懷不軌的徵兆，小心因此而招惹一身腥，導致運勢敗壞。

尋物：失物難尋，並且也沒辦法物歸原主囉！因

為應該已經被撿走，而被他人占為己有。

姻緣：已婚者，同床異夢，貌合神離；未婚者，
需仔細再評估對方適合自己嗎？

其外：一切都不吉利，事事憂心操慮，不順遂。

開運祈福小撇步

　這是由於個性所造成的不好的卦象，由於自己的執著或脾氣，而帶來不好的災難，尤其是往南方去從事任何與經商、求學考試相關的事，都會帶來不太順心的結果，特別是在爭吵的同時，會讓自己在財運、事業上大大的減分，想要遠離這個災難，可盡量往北方走，藉由以水剋火的方式來化解。

　穿著衣物方面，盡量以水色系的衣服來修飾，比如藍、紫、黑色都是一個很好的化解方法。

　由於大火焰兵，如果是新婚的旅遊或是談戀愛的場所，盡量不要往南方走，建築物則不要選擇帶有紅磚瓦，或是針狀的觀光景點，像是鐵塔或是燈塔，常會造成乘興而來敗興而歸的情況。

　在錢財方面，大原則是不要意氣之爭，不要

逞口舌之快，以退為進，以柔軟的方式去面對客戶，才會有增加錢財的機會。

在家運方面，大火焰兵也代表著不必要的口舌之爭，兄弟姐妹或是夫婦之間容易有莫名的爭吵或是打鬥，甚至會有破裂的危機，宜用和平的氣息、柔順的眼神、平和的語氣和姿態，去面對問題。

志向遠大

【志向遠大　心無大智　好高騖遠　半途而廢】

家運：家宅中人丁、人氣不旺，即使居家環境優
良、美侖美奐，也都只是虛有其表罷了。

財路：無財運。主要有破財消災的趨勢，小心工
作人事上額外的破費與開銷。

心惑：內心沒有太具體的疑惑，但主要以空想為
主。常憂心操慮家中成員的事情。

人緣：人氣不好，常常會有心不在焉的情況，也
常常因為雞毛小事，而無意間得罪身旁之
親友。

病疾：應該多多注意神經系統方面與腦神經方面
的問題，像是偏頭痛。如果家裡有失智老
人，應多加注意。

訴訟：沒有智慧，只知道用蠻力來面對，相當吃
虧，應該多聽教於有名望之律師，才有機
會解開這個結。

魔障：陽宅的格局盡量以明亮為主，還有所穿的
衣物，色調不要太暗，這樣有助於提升自
己的運氣。

尋物：失去的東西找不到了，所以就不要再把它放在心上，會有心神不寧的趨勢。

姻緣：在感情方面，如果遇到問題請把腳步放慢，應該多花些心思深入了解彼此，才可以解決眼前的問題。

其外：主要有不寧的傾向，應該多多以祈福來面對外在跟內在問題的根源。

開運祈福小撇步

代表很多事情你可能要面對到空歡喜的情況，面對你心中的期待，要抱持著可有可無的態度，這樣反而有機會成功。如果你心中罣礙太多、慾望太多、執著太多，這樣到頭來很可能會如夢一般，只是一場空。

在尋找失物方面，不要費太多心力去找尋，其實是找不到的。

在感情部分來說，以聚少離多來化解彼此的不滿，不要因為過分多疑或是短時間的內心觀點，產生內心多疑的現象，會讓婚姻面臨很大的問題。

在訴訟方面，其實你找不到很多的證據，還有很多的著力點去做一個舉證，會有踏空的感覺，這方面是比較沒有方向感的。

身體疾病方面，其實是自己多慮所造成的心病，除此之外身體方面並沒有什麼問題，也沒有特別要注意的地方。

人際方面，會因為朋友要遠離，或是暫時的別離而讓你感到傷心，其實全都是自己的想法在影響自己的感覺。

錢財部分，少投資，大守財，投資越多，敗財越多，會有血本無歸的情形，或是利率上沒有相對的成長，所以買賣房地產的相關的交易，可以改以購買家中家電、家具，來為家裡破財，更能適得其所，以破財的方式來化解人氣凝聚的不足。

聲名遠播

【名揚四海　升官有望　步步高昇　有利可圖】

家運：一切會慢慢好轉起來，即將揮別過去的不愉快和不順遂，而所有的努力將被看見，可得好名聲。

財路：名聲隨之而來，利益也隨之而來，相當適宜從事不動產等相關投資。

心惑：切記千萬不要傲慢，會因為越來越有地位了，所以心態也漸漸不同了，要多注意。

人緣：人氣會隨著好運水漲船高，節節高升，所以不用擔心太多不必要的細節問題。

病疾：主健康。可以的話應該多多安排固定的運動，才能讓血液循環變好。

訴訟：最近如果需要打重要的官司，無論遇到多麼無理的對手，皆能大獲勝利。

魔障：蓄勢待發，氣勢將會越來越旺，亦有福分支撐，一切魔障皆不敢來干擾影響。

尋物：可以嘗試和附近的警察局聯絡一下，看看是否有好心人士拾獲失物即可。

姻緣：兩人的感情升溫，運勢大轉變，有希望開

89

花結果。

其外：無論任何方面皆氣勢雄厚，但是千萬切記
不可得意忘形。

開運祈福小撇步

　　此卦代表一切都有向上提升的趨勢，對於會玩
股票的人，這個卦代表著股票會向上提升，賺錢
的機會是可以期待的。家運方面，也會像爬山一
樣的向上提升。

　　在人際關係方面，有看漲的趨勢，可以得到身
邊的人的注意跟幫助，並能廣結善緣。由於此卦
代表著聲望，適合用聲音來提高知名度，所以不
是被動，而是主動去跟他人求取讚美，可為自己
求取到更好的成就。至於障礙部分，很多都是由
於自己的不善表達所造成的，因此要學會跟別人
分享自己的福份。

　　針對訴訟部分，要做一個勇於表達的人，全力
做最大的反擊，這樣可以使你被迫害的機率降到
最低。

　　身體疾病方面，可以以吶喊或是運動的方式，

或是改變呼吸的方法，來讓身體更加健康。

　　姻緣部分，還是要記得把你的愛情跟喜訊與別人分享，讓和悅的聲音跟感人的祝福為你的感情帶來更多幸福。

　　求財部分，把你所懂、所會的去做一個表達，這樣會讓你更有機會有突出的表現。

人聚魔至

人聚魔至

【狐群惡友　聽信鄒言　判斷有誤　名毀財破】

家運： 主不順遂，家中爭吵聲不斷，沒有祥和之氣；有身孕的婦人，應該要注意流產或是胎兒的健康。

財路： 會有破財的徵兆，切記千萬不要與人投資合夥事業。

心惑： 生活周遭一切事事困擾，也事事無解，身心極度疲憊，聆聽佛樂有助於排解心惑。

人緣： 在人際關係方面，主要有被排擠的傾向，與眾人相處不睦，就算有冷言冷語，也不要掛在心上。

病疾： 身體方面會有病痛痛苦，切記不要安排開刀。多採納一些走過病魔折磨的人的感受。

訴訟： 官司是非纏身，口舌是非沒有間斷過。

魔障： 內心深處在看待事情時心懷不軌，也容易因此招惹禍端。

尋物： 失去的愛物已經沒有機會找到了，不需要再費心尋找了。

姻緣：已婚者，看似和諧，實際上已經貌合神離；未婚者，應該多加慎重考慮自己的判斷。

其外：大大小小的事情皆不順利、不吉利，事事憂慮。

開運祈福小撇步

這代表很多事情你只要獨來獨往就可以成功，和過多的朋友互動，會造成你在判斷上的錯誤，知道的越多，阻礙越大。

愛情方面，可能會有橫刀奪愛的結果，原因出在自己的戀情向他人告知，而造成此影響；自己賺的錢跟他人告知，可能會因此破財，朋友借錢劫財，所以財要守不宜說，並少應酬、少交際、少外出。

錢財部分，還是以不要告知他人的原則為主，賺錢靜靜的賺就好，避免不必要的破財格局。

至於病痛方面，可能會因為自己的生活習慣，比如打麻將或是不良的生活習慣而造成病痛，影響會很可怕。

　　訴訟方面，會發現相信你的人越來越少，而害你的人越來越多，應該多做預防小人的工作，包括會出賣自己的部屬，或是反目的朋友；盡量避免逞口舌之快，多聽、多看會讓你有化解的機會。

　　至於家運部分，代表家中有人遭遇不好的運勢，比如家中有人出意外、學壞等等，這都是外來的人所帶來的災難，建議這段時間盡量不要有宴客的動作。

木中有寶

【有樹有果 如獲至寶 樹木乘涼 心想事成】

木中有寶

【有樹有果 如獲至寶
樹木乘涼 心想事成】

家運：家中添子、添孫好福氣，人丁昌旺，家庭氣氛幸福美滿，家運也相當興旺。

財路：有機會可以嘗試投資副業，或是拓展事業多方面的版圖，利益也因此大大增加。

心惑：常常在為錢的事煩惱憂心，其實對錢的慾望不要有太多要求，切記不要貪心。

人緣：用心的建立自己所有的人脈，主人氣旺，若遇到想發展之事，人脈必能派上用場。

病疾：多以小病痛為主，支氣管方面的問題需要多加注意與照顧，以免小病拖久了造成身體的傷害。

訴訟：沒有官司訴訟，不過如果有簽約的狀況，應多加注意，小心為止。

魔障：主要以平安為主，並沒有魔障相關的問題干擾影響你。

尋物：失去的愛物有機會找到，但是心裡已經沒有想積極找回來的意思。

姻緣：天定姻緣，趕快結婚；若是已婚者，可能

需要好好溝通，來化解彼此心中的結。

其外：待人處事不要太過急躁，不然勢必會因此有所損失。

開運祈福小撇步

如意寶樹的樹有庇護及長者的意思，這個卦代表著有長者和靠山來支持，也就是說在求取不同的錢財之中，還是要依賴長者、朋友來幫忙做提升，尤其是同行的長者，會像樹蔭庇護一般，可以透過他們的協助而成功，而不是單打獨鬥。

以家裡的運勢來說，主要是以長者來維持家道，所以遇到不順利的事情，甚至是遭遇到了困難，可以對父、母、兄、姐等家中的長者傾訴，並能夠在向他們傾訴後心想事成。

在人際關係方面，跟學長、前輩多請益，可以讓你在心中遇到疑惑、不滿時，得到圓滿的答案。

至於身體方面的疾病，要注意多往東邊的方向走，木為東，並多穿淺綠色的衣服；在選擇就醫時，醫院的名稱或是醫生的名字當中，帶有木字

旁的，對你都有助益。

　　訴訟方面，否極泰來，轉禍為福。

　　至於尋物方面，是可以找得到，不過需要細心
的推論，記得東西可能在東方的方向，而且是在
綠色的包裝物裡，也許跟木頭器材有相關聯的方
向。

【堆金如山　寶礦無限】
【勇往直前　步步高昇】

堆金如山

【堆金如山　寶礦無限　勇往直前　步步高昇】

家運：家裡的總運有如茂盛之樹木一般，生氣盎然，發光發熱，氣焰高升，大運也以平安為主。

財路：財源方面，財星高照，有好運以及貴人相扶持，適合做置產等相關投資。

心惑：內心有了許多困惑，並且茫然無知，必須要仔細的從長計議，規劃自己所需要的目標，以及設定好藍圖。

人緣：幸運可得貴人的提攜，因而提升自己在團體中的地位，增加自己的人氣。

病疾：切記注意喉嚨保養，不然可能會衍生出呼吸道相關疾病，還有需忌口。

訴訟：口舌是非相當多，要努力放下仇怨之心，寬心去面對困境或是令你不悅的人、事、物。宜解不宜結。

魔障：會有犯小人的趨勢，要記得廣積善緣，建議可以供奉「蓮花生大士唐卡」。得安寧。

尋物：可往東方去找尋，有機會可以找到心中掛
念已久的失物。

姻緣：未婚者，在這樣的情況之下，較難尋覓到
好對象；已婚者，感情相當穩定，不要自
找煩憂，也千萬不要猜疑。

其外：應該以保守為主，做任何決定或是面對事
情時，用不著太過積極，以免惹禍上身。

開運祈福小撇步

　　金山，顧名思義就是取之不絕的財富，身邊所
有的事物都有取之不絕的傾向。

　　家運方面，買賣房地產或是搬新家等，都會非
常的順利、成功。

　　錢財運方面，記得往西方走，穿著白色衣物
會更成功，有人請客的時候千萬不要客氣，比如
朋友會跟你報一些好康的消息，這會讓你有所機
會。

　　在身體疾病方面，有破財的可能性，但是可以
透過破財讓你的身體健康、安樂，切記健康是無
可替代的。

　　至於生活方面，自己在這方面的財運是亨通的，但是可能會有小人來犯，所以要記得跟別人分享成果，而並非自己獨享。

　　尋找東西方面，有機會的話要往西方前進，並且要穿白色衣服，甚至於跟金屬包裝有關的，都可以幫助你找到東西。

　　姻緣方面，可以在禮品贈與的方面加強，對方可能會因為你的心意而更加感到窩心，使感情的穩定或婚姻的圓滿上，更加的提升。

因果招魔

【天命難違　貪性所致　心魔不除　災禍連連】

家運： 厄運連連，子息少，氣場更是亂成一團，家宅不寧，可供養「蓮花生大士唐卡」，有助家宅平順，也看是否有那份福報。

財路： 難！難！難！糟糕的財運及工作運，恐怖到連工作都不保。面對這樣的情況，應該謹言慎行。

心惑： 沒有解答，倒不如看情況隨機應變。要在內心堅定地告訴自己，這只是過渡期。

人緣： 會受到小人的影響而聽信小人，反倒會傷害對你忠誠的朋友，導致在人際關係上越來越孤寡。

病疾： 病情惡化，千萬不要安排動刀，家人應多付出一點關愛與包容，才能度過此難關，也要多多詢問醫德與醫術兼備的醫生。

訴訟： 會有牢獄之災降臨，面對此狀況難解，請寬心面對一切。

魔障： 居家環境出了不小的問題，無論是破財或是血光的險惡情況皆來。

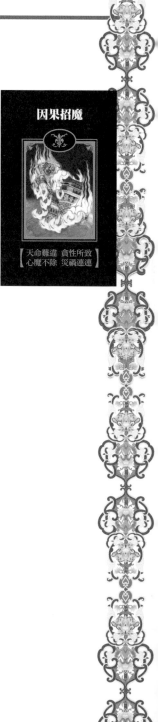

因果招魔

【天命難違　貪性所致
　心魔不除　災禍連連】

尋物：不要花心思時間去尋找，心愛的失物已經
　　　找不回來了。

姻緣：感情方面，面對的是彼此相欠的緣，盡量
　　　別動手動腳；本質上，會有貌合神離的傾
　　　向。

其外：主要有阻礙耽擱，面對處理任何事都沒有
　　　辦法，也無法把握成功。

開運祈福小撇步

　　天魔，天代表前世，魔代表障礙。家運方面
來看，代表兄弟姐妹之間的爭議，而不是現在的
問題，前世就已注定了一些恩恩怨怨的糾葛。以
此卦象來看，居家的風水格局也產生了很大的危
機，除了擺設裝潢方面，自己更要了解一切的問
題，多半來自自己的心魔所致，把所有的貪念放
棄，這樣就不會有太多的爭議。

　　錢財運方面，代表的是莫名其妙、突如其來的
劫財現象，是自己所意想不到的，所以這段期間
最好要少外出、少投資，任何的貪念都不要有，
想要以錢滾錢的慾望，更要減到最低，應以守財

為主。

　　心中的疑惑，來自於睡眠不足或是心中的障礙，心胸不夠開闊，所以沒辦法包容任何人，也讓自己更加受限於此格局。

　　人際關係方面，會有非常多的小人，你會無法面對這些突如其來的小人，甚至跟你把酒言歡的朋友最後也會反目成仇。這個卦象代表要把自己孤立，讓自己遠在天邊，遠離爭議的染缸當中，其實放空自己是最好的。

　　身體疾病方面，可能會有刀傷的危險，這不好的刀傷不是醫生帶來的，而是為了朋友負傷，這時候要小心，代表著因為犯小人或是交友不慎所帶來的危機。

　　尋找失物方面，其實已經很難再找到了，除非有奇蹟出現，但是機率不高。

　　感情婚姻方面，要懂得以開闊的心胸去面對，不要想改變對方，而是要適應對方，那麼天魔將會隨之被驅離，這樣好運跟好姻緣才會隨之而來，轉禍為福。

財寶滿瓶

【聚財如瓶 先小後大 有進不出 藏寶無數】

家運：家運相當安定，應該保持守成，不要因為
　　　安定，就過度沒計畫地拓展事業版圖。

財路：財運方面相當亨通，適合保守投資，但切
　　　記不要投機，得意忘形。

心惑：不要什麼事都悶在心裡，可以的話，找個
　　　好友到戶外走走、聊聊天，散心透氣。

人緣：人氣平平普通，要讓自己多一點親和力，
　　　就可以在團體中增加自己的人氣。

病疾：應該多加注意一下心血管方面的疾病，多
　　　一份檢查多一份安心，預防勝於治療。主
　　　災難解除。

訴訟：有機會可解，也有不錯的機緣遇到有智慧
　　　的檢察官，如果過去有何不服，得以於此
　　　為自己討回公道。

魔障：能得祖先福蔭福報，沒有所謂的內心魔障
　　　考驗，或是侵擾影響。

尋物：搜尋失去的物品會辛苦一點，如果不是很
　　　重要，可以當作消災難，不必尋回也可；

如果很重要，可努力尋求。

姻緣：未婚者，雙方需要多深入交往一點，在各
　　　　方面要理性並且多多考慮；已婚者，應就
　　　　彼此雙方的價值觀上多做溝通。

其外：主要運勢有機會開花結果，只要好好努力
　　　　皆能事事順心。

開運祈福小撇步

　　家中的向心力，其實有提升的機會，因為瓶
中有吉物，而瓶為家，寶為物，代表家人的和諧
建議以及向心力，都可以為家運帶來好的提升。
在居家陽宅的部分，可以去藏傳文物店，購得寶
瓶，放置在梳妝台、書桌，或是小茶几下面，來
求取富貴吉祥。

　　錢財投資方面，保守的買賣以及長期的投資，
才能醞釀更多的財富。

　　而心中的疑惑，可以跟自己交心的朋友傾訴，
會有所改變。

　　人際關係方面，還是要用銀彈攻勢，即所謂的
「金錢外交」，才會有錢滾錢的機會。

身體疾病方面，除了血管相關的問題之外，腸、胃、脾也都要注意，

面對訴訟官司方面或車禍等等，會得到合理的賠償。

尋找失物方面，其實只要放輕鬆去等待，也會有很好的結果。

愛情的部分，慎選對象，會有多金的擇偶機會，至少也要讓對方請客。

空穴來風

【無中生有　似有若無　視若無睹　心平氣和】

家運：會有家道中落的徵兆，未來所面臨的狀況，會經歷比過去還辛苦百倍的過程。

財路：主要財運會有破財的跡象，如果再用盡心機去投機，並且不切實際，必定會招來禍端。

心惑：內心的自卑感極重，應該多注意隨時會有爆發所積壓，或是承受等等壓力的情況。

人緣：身旁及來者全都是酒肉朋友，在交友方面應該多多注意。

病疾：應該多注意腸胃道以及消化系統、呼吸系統，免疫力較弱，切記千萬不要安排動大手術。

訴訟：官司是非不斷，注意要細心解決，不宜快速，謹記面對官司要步步為營。

魔障：精神方面已受到極大干擾，可以供奉「蓮花生大士唐卡」，有除魔解厄的好處。

尋物：就算費盡心思找到了，也已經是損壞的物品，面對此況就別太強求會有好回應。

姻緣：在感情方面，容易互相猜疑，兩人感情不
堅定，會有外遇的跡象。

其外：整體看來運勢不堅定，心想求什麼，什麼
都沒有，如手抓沙一般，牢抓抓不住一
切。

開運祈福小撇步

　　家運有下陷的可能，面對一切似乎有一種無力
感。

　　錢財的部分，就像流沙一般的會隨風吹逝，過
度的借貸以及投資要喊卡。

　　人際關係方面，容易交到一些口是心非、言不
由衷的朋友，甚至於臨陣脫逃，所以不可以信任
對方。

　　而疾病方面，不宜動刀，否則會有大血光的危
險。

　　訴訟的部分，則是以土地糾紛以及交通安全的
問題為主，要更加留意這些方面。

　　尋找失物方面，要以地下層或是低的方向去找
尋，像是床底櫃子或是地下室等等，都是尋物時

可以參考的方向。

　　姻緣方面，對方的感情可能會有精神外遇的危機。

　　居家的陽宅方面，可以藉由小石器、盆栽，或是用石刻的藝術品放置在客廳或是前院，利用土來凝聚沙丘造成的一個下陷現象，來穩定自己的運勢。

屋內藏金

【靜中求利　家人有利　賢妻益友　共持家運】

家運：虛有光鮮亮麗的外表，但是能活用的資金卻不足，甚至有周轉不靈的問題，應減少一些奢侈品。

財路：滿滿的虛榮心，造成自己財來、財去，應該多檢視自己的理財想法。

心惑：最近會有機會以及福份享受，本身比較沒有沒安全感，想法也因此不切實際了起來。

人緣：收斂一下自己的態度，自傲傲慢、目中無人會破壞自己的氣場。切記要內斂、誠懇，才能增加自己的氣場。

病疾：應該多注意腎臟方面的功能，可以的話盡量不要動刀，不然會有不好的意外發生，切記！

訴訟：在人事上的糾紛，仇恨、怨恨既多又深，如果要嘗試著化解，需心平氣和，用包容方得平安無事。

魔障：可以的話隨身配帶一個「九宮八卦咒」，

得以淨化自己，並驅除不好之晦氣。

尋物：心中在乎的失物可以找得到，所以不用太
擔心。

姻緣：有機會娶個千金美嬌娘，或是嫁個事業有
成的好夫婿；姻緣方面的運勢，主要以圓
滿為主。

其外：主要大趨勢以穩定為主，若是存著壞心
眼，不管再多的心機設想，必定會傷自己
的福報。

開運祈福小撇步

　是一個購屋、買屋的最好時機，房價、格局以
及家人的和樂，都會因為錢財的活絡而互動更成
功。財運方面，可以不動產做為投資理財的最佳
選擇。

　面對心中的疑惑，還是以安全感不足為隱憂，
包括居家的東西擔心遭竊，或是錢財外露，以及
財庫外放，而造成心中的不安。

　人際關係方面，因為自己穿金戴銀或是珠光寶
氣，而給人臭屁的感覺，要有所斟酌。

　　身體疾病方面，主要是居家風水陽宅的格局出了問題，有帶來刀傷的危險。

　　訴訟的部分，宜穿著白色的上衣，或是外套去面臨司法的徵詢，會有相關事務的幫助。

　　尋找失物，可以從西方或是金屬的容器找尋。

　　面對愛情，有機會找到行情優渥的對象。

　　陽宅方面的開運，可以儘早供奉「黃財神唐卡」來做一個開運的選擇，最好供奉於書房或客廳。

聚寶藏財

【明財難得　暗財可獲　長期投資　收成有望】

家運：因為祖上積德，所以享有財富富貴，若沒
　　　　有好好珍惜或是佈施，就算有再多的福氣
　　　　也會用盡。

財路：可得來自長輩帶來的好財運，工作、事
　　　　業、家庭財源滾滾，有好財運也應好好守
　　　　成，創業也可。

心惑：內心的困惑會因為自己的固執，而讓自己
　　　　的思緒還有執念轉不出來，要小心。

人緣：在人際關係方面不佳，來者都是貪圖你的
　　　　錢財，可說都是酒肉朋友；忠言逆耳，是
　　　　否該想想誰才是真正對你好的人呢？

病疾：當心會有便秘的問題，在飲食上要多吃一
　　　　點蔬果，少吃大肉及油膩之食物，方可加
　　　　強消化道的健康。

訴訟：官司訴訟會遇到一些問題，但是可以用錢
　　　　來和解，所以看起來沒什麼大礙。

魔障：可以嘗試多做一點普渡的事，或捐獻財物
　　　　給需要幫助的人。

尋物：失去的東西已經可以不用找了，直接買一個新的會比較實際。

姻緣：得人和，穩定。未婚者，因貪圖對方的家產而婚，可能日子過得比較辛苦；已婚者，感情和諧，並有機會創造更多的財富。

其外：主要的大方向以平安為主，在問題點上需花點家產來消消災厄，以及排解一些糾紛。

開運祈福小撇步

　整個是一個家運提升的好開始，可能是父、兄、母、姐的財運提升，也讓周遭的人沾到一些喜氣。錢財運的拓展，暗藏著無限的喜訊，而並非突如其來的，可能是自己長久努力所換來的一個成果。

　面對心中的疑惑，不要有太多的執著與偏見，心放得越寬，人際關係也就越成功；針對你的成就，其實可以跟朋友做一個互惠的交流，

　身體疾病的部分，其實是一種慢性疾病的存

在，可用運動以及食療法，或是中醫保健的方式去改變調整。

　　而面對遺失的東西，可能要花很大的心血才能尋獲，不如棄舊迎新。

　　愛情以及婚姻，有可能是一個故人重逢的好時機。

　　以居家的風水陽宅來開運的話，將黃金葛放在客廳的財位，或是臥室的梳妝台上，也可以在廁所的平台上放置，並點燃一盞小壁燈，以提升錢財機運。

吉祥妙童

【赤子之心　心淨福至　求福有成　靜觀其變】

家運：家中運勢主吉祥平安，厄運已經慢慢解除了，之前不好的家運也逐漸好轉明朗化。

財路：會有得到小財富的跡象，或者可以說有一筆意外之財即將降臨。

心惑：生活方面相當安逸順心，但是要注意自己的內心，不要胡思亂想而破壞現況。

人緣：在團體中人氣不差，但是在交友方面，要多注意他人人品，以防交友不慎，而造成自身的損失。

病疾：身體的問題始終來自於心頭上解不開的問題，心病還是需心藥來化解。

訴訟：官司纏身已經好一段時間了，可以靜待好消息，不要急躁，即可化解。

魔障：心境平安順心，沒有所謂魔障的問題影響自己。

尋物：失去的愛物是有機會找得到，但是心裡也已經沒有想積極找回來的意思。

姻緣：天定姻緣，機會來到可以把握時機結婚；

若是已婚者，可能需要好好溝通，以化解
彼此心中的結。

其外：處事切記不要太急躁，不然在急躁的狀態
下，對於人、事、物必會有所損失。

開運祈福小撇步

　　家中有親戚，會有喜獲麟兒的機會，面對新婚
的你，也有可能喜獲貴子。

　　在婚姻以及愛情的性生活方面，能如魚得水，
要盡情享受。

　　錢財運方面，會有晚輩指引或是業績提升，而
使你間接受利。

　　人際關係方面，有眾星拱月的機會，但是對方
的身分、地位，以及年齡可能比你要低。

　　在訴訟方面，以拖待變，其實用時間可以換取
更好的空間。

　　身體疾病方面，比較偏重於擔心自己的晚輩的
生活起居，或是自己的泌尿系統疾病，以整個卦
象來看，因為關係到晚輩的運勢，所以居家的後
陽台要做一個打掃整理的動作。

連結如意

【心結能解　如意自來　廣結善緣　始終如一】

家運：家門顯赫興隆，唯一要注意的是，後代子
　　　息的教育以及教養問題。

財路：財運方面會有好消息，福氣來到會有財神
　　　報路，說不定會有意外之財的降臨。

心惑：面對心中的疑惑，要能用智慧、勇氣去面
　　　對；得到自己想要的，心中自有方向感，
　　　所以無須擔憂。

人緣：身邊環境、往來都是智者，可以多聽聽別
　　　人的意見，透徹了解局勢跟自己的想法
　　　後，再做決定。

病疾：疾病方面，福星高照，身體方面不會有太
　　　多的問題；微恙的話，好好調養即可化
　　　解。

訴訟：官司訴訟方面，可能需要花一點心力及時
　　　間來解決。

魔障：可以的話讓自己多到郊外走走，可藉此排
　　　除心靈上不好的壓力。透透氣、散散心，
　　　讓心靈沉澱不要浮躁。

尋物：對於心中在乎的失物有跡可尋，可以藉由
　　　朋友的提示或是代找，有機會可以尋回。

姻緣：在姻緣方面，有良好的機緣覓得不錯的伴
　　　侶，請好好珍惜這段良緣。

其外：主要的運勢為吉祥之意，無論生活上的種
　　　種事物皆事事順心，沒有太大的問題存
　　　在。

開運祈福小撇步

　　家中彼此的心結很深。基本上，出發點是出於
善意的，而代表結的最大意義就是一種聯絡，其
實一通電話的聯接，就可以化解一切。

　　錢財運方面，要懂得「牽拖」，也就是與同學
會、同鄉會等聯誼單位做更密集的同性質職業聯
誼，要更懂得做一個互通，這樣才能幫助自己錢
財運的活絡。

　　至於人際關係的拓展，千萬不要拒絕任何的聚
會，在廣結善緣的同時，也是人氣提升的最好辦
法。

　　面對疾病的苦痛，可以去諮詢好友的經驗，以

尋找到更好的醫生，或是正確的偏方。

面對訴訟的問題，要懂得去做證據的串連來保護自己。所有一切內心的魔考，都是來自於過度的要求完美。

感情運方面，其實可以藉由同學、朋友、同事的介紹，而心想事成。

居家風水的開運建議，可以在大門的上方掛上「九宮八卦咒牌」來開運祈福。

金魚之母

【長春之愛　宛如慈母　忘年之交　情深義重】

家運：家住於高級住宅區，四周環境以及往來的對象皆是福氣之人，家氣旺盛，並且會留傳後代。

財路：財富方面，主要以富貴為主，可以創業、開拓事業上的疆土，榮華富貴也會隨之而來，但是切記千萬不要驕傲。

心惑：內心的心境可以用「馬到成功」來形容，沒有疑惑，可以盡情享受快樂坦然。

人緣：在團體中人脈增加，也成了好友間的人氣王。若是多注意自己的儀容與服裝穿著，會有加分的作用。

病疾：多半是小病痛影響，但是不礙事；身體方面運勢的大方向是健康，但是切記不要亂起疑心。

訴訟：近期並沒有官司問題，會大事化小，小事化無，主要的運勢走向是和解。

魔障：可以的話多念《心經》，可以藉此化解自己內心深層的障礙以及疑慮，並抵擋外來

金魚之母

【長春之愛　宛如慈母
忘年之交　情深義重】

121

晦氣的影響。

尋物：心中掛念的事物，遠在天邊，近在眼前。

靜下心來仔細想想，多花點心思即可。

姻緣：有好福氣可以娶到賢內助，或是嫁個好先

生，兩人感情和睦恩愛。

其外：生活上無論任何方面萬事皆宜，成功之際

不遠矣。

開運祈福小撇步

針對購屋方面，你可以找坐南朝北的房子；在

居家裝潢上，藍色、黑色、紫色系列，都相當有

助於興旺家運；此外，家中任何重大決定以女性

的意見為主，會比較容易成功。

錢財運方面，貴人來自於年長的女性，也許純

粹只是長幼的提攜與幫助，也可能是帶一點曖昧

的關係存在。

人際關係方面，當遇到挫折以及小人來犯的時

候，女性的貴人可以幫你化解。

身體疾病部分，在求醫的同時不妨換換女性的

醫生，來做一個解救病痛的選擇。

面對車禍訴訟官司，如果是女法官、女律師或是女警官的話，那麼對你災難的解除是有幫助的。

　　整體來說，以供奉圓月觀音做為整年度的祈福，是最佳的選擇。

法螺輪迴

【守張有成　峰迴路轉　有法有成　不偏則正】

家運：主要運勢以平安為大方向，沒有任何意外，適合守成。說不定會有意外的驚喜從天而降。

財路：財源方面明顯地浮現，並且有貴人相扶持，應該趁機多深入了解市場的變化，小財富絕不會是難事。

心惑：內心窒礙的問題，請耐心期待著傳來的好消息，不用太過憂心。

人緣：多多當一下心情垃圾筒，可讓人了解你是一個很貼心的人，當然人氣指數也會節節上升。

病疾：很容易得精神官能症或幻聽症。應該多注意一下家裡的風水格局，是否造成相關的影響。

訴訟：大致上平安。沒有過多的恩怨，可多聽從專業的建議，去處理糾紛上的問題。

魔障：無魔障。可隨身配帶「九宮八卦咒牌」以增加自己的信念，不被外來的晦氣影響。

尋物：失去的物品音訊將至，會有失而復得的喜
悅降臨。

姻緣：在感情方面，難得能遇到知音、知己，並
因而共結連理，彼此的感情穩定甜蜜。

其外：主要的大運勢為事事如意的趨勢，多多注
意，對於很多問題點會傳來佳音，因此而
化解或是加分。

開運祈福小撇步

居家方面，有不當的財產繼承，或是房屋的買
賣，要針對條約法則上有所提醒及注意。

錢財運方面，則有司法訴訟方面的破財可能；
盡量以和為貴，來求圓滿。

人際關係的拓展，將由小變大，但要記住，口
出善言。

身體的疾病，將會有手術失敗的危險，應該供
奉藥師如來佛，來解病痛厄運。

訴訟方面，見好就收，否則纏鬥會越來越嚴
重。

尋找失物機會頗大，還是以偏西的方向去尋

找。

　愛情部分，容易流於形式化，有一種死板的互
動，造成彼此的距離會越來越遠。

金寶之輪

【輪轉財至　週轉有成　動中取物　心想有成】

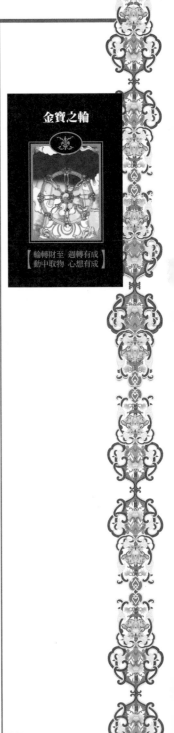

金寶之輪

【輪轉財至　週轉有成
動中取物　心想有成】

家運：家運興隆，幸福美滿，每天都是好日，家
　　　　宅人氣旺、旺、旺，亦可得好名聲。

財路：財源方面，會有財來財去的跡象，但可利
　　　　用這份財氣來拓展事業更大的版圖。

心惑：找個好友，把煩惱說出來，就可以獲得解
　　　　答，而不是一味的自尋苦惱。

人緣：最好以平淡的交往為主，「君子之交淡如
　　　　水」最利於現在的你，太多的酒肉朋友會
　　　　對你有所阻礙。

病疾：身體疾病方面會藥到病除，應該多注意肝
　　　　功能方面的疾病，也別讓自己太勞累了。

訴訟：沒有任何訴訟，當然也不要自己故意去惹
　　　　事生非，製造禍端，主運平安順心。

魔障：在內心的困惑方面，只要心存善念，外來
　　　　的魔障皆無法干擾內心的思緒。

尋物：可藉由貴人的幫助來尋求，會有失而復得
　　　　之喜降臨。

姻緣：可能有所變動，心性不夠堅定，是否應該

　　　　想想對方是不是適合自己的人。

其外：大運中會有小變動的傾向，但其餘方面事
　　　　事皆平安，無太大罣礙。

開運祈福小撇步

　　以整個卦象來看，家中可以藉由擺設白色的花
朵，來提升運勢，包括白色的床單、桌巾都是開
運的好方法。

　　錢財方面，往西方的方向走會更成功，洽商的
公司行號、名稱，帶有金屬邊的更會提升財源的
廣進。

　　身體的疾病，有開小刀而成功的一個可能。

　　人際關係方面，要將自己的成就以及財富，做
一個理性的分享。

　　面對訴訟，要以白色的穿著去面對，用錢是可
以解決的，而心中求財的心不要太強，那麼會容
易干擾到自己的情緒。

　　婚姻方面或是愛情方面，其實會有意外的錢財
收穫。

勝利圓幢

【幢開得勝　成功在握　志在必得　無往不利】

勝利圓幢

【幢開得勝　成功在握
志在必得　無往不利】

家運：雖不是住豪宅，但是生活無缺過得不錯，算是小康家庭，只要好好再努力，會更沒有後顧之憂。

財路：財運亨通，雖不是賺到什麼橫發之財，但是至少有一筆因自己付出所得到的收穫與獎金。

心惑：在內心疑惑方面，會有貴人指點，使得自己有了方向與想法，要多堅定自己的信念，別擔心。

人緣：人在外，放諸四海皆兄弟，多多照料身邊的朋友、家人，人際關係和睦開朗。

病疾：菸要少抽一點囉！要好好注意自己的心肺功能，也要注意小病所引發出的併發症。

訴訟：如果在官司訴訟方面有委屈，會有機會伸張正義而得解脫。切記，不要心術不正。

魔障：有機會得到解救、解放，更可以遇到有緣人或是貴人來相助，解決心中真正的疑惑。

尋物：如果要找尋失物，順著失物存在過的方向
　　　　去找，有機會失而復得。

姻緣：感情步入穩定，有好機會可成婚；若是已
　　　　婚者，婚姻生活主甜蜜美滿。

其外：方向感相當重要，在內心反覆確認後，凡
　　　　事尋著自己內心肯定的方向去執行即可。

開運祈福小撇步

　它代表的是一種圓滿、平和的態度，也藉由轉
動的靈動能量，讓你在遭遇到困境的時候反而能
夠轉敗為勝。

　以居家的運勢來看，藉由第三者的溝通會有所
轉圜。

　針對錢財方面，也代表是一種週轉非常亨通的
意思，也就是說金錢的往來、支出，都會有超乎
想像的力量。

　面對心中的疑惑，不要針對一個問題過度執著
的想著它的對與錯，那麼就會讓思維豁達，得到
更好的方向。

人際關係方面，還是主張借力使力，藉由旁邊
的同學、同事或是兄弟姐妹，去拓展自己的交際
人脈會更成功。

　　面對疾病以及訴訟方面來說，將會得到反敗為
勝的結果。

　　尋找失物方面，不如更用心的去動動頭腦，從
不可能的地方去尋找可能遺忘的東西，反而會有
意外的收穫。

東西命理館007

文殊開運占卜

作　　者／詹惟中
責任編輯／何宜珍
美術設計／林家琪

發 行 人／何飛鵬
法律顧問／台英國際商務法律事務所 羅明通律師
出　　版／商周出版
　　　　　臺北市中山區民生東路二段141號9樓
　　　　　電話：(02) 2500-7008 傳真：(02) 2500-7759
　　　　　E-mail：bwp.service@cite.com.tw
發　　行／英屬蓋曼群島商家庭傳媒股份有限公司　城邦分公司
　　　　　臺北市中山區民生東路二段141號2樓
　　　　　讀者服務專線：0800-020-299 24小時傳真服務：02-2517-0999
　　　　　讀者服務信箱E-mail：cs@cite.com.tw
　　　　　劃撥帳號：19833503
　　　　　戶名：英屬蓋曼群島商家庭傳媒股份有限公司城邦分公司
訂購服務／書虫股份有限公司客服專線：(02)2500-7718；2500-7719
　　　　　服務時間：週一至週五上午09:30-12:00；下午13:30-17:00
　　　　　24小時傳真專線：(02)2500-1990；2500-1991
　　　　　劃撥帳號：19863813 戶名：書虫股份有限公司
　　　　　E-mail：service@readingclub.com.tw
香港發行所／城邦(香港)出版集團有限公司
　　　　　香港 灣仔 軒尼詩道235號 3樓
　　　　　電話：(852) 2508 6231或 2508 6217 傳真：(852) 2578 9337
馬新發行所／城邦(馬新)出版集團
　　　　　Citê (M) Sdn. Bhd. (45837ZU)
　　　　　11, Jalan 30D/146, Desa Tasik, Sungai Besi,
　　　　　57000 Kuala Lumpur, Malaysia.
　　　　　電話：603-90563833　　傳真：603-90562833
印　　刷／鴻霖印刷傳媒事業有限公司
總 經 銷／農學社 電話： (02) 2917-8022 傳真： (02) 2915-6275

行政院新聞局北市業字第913號
2008年 (民97) 1月初版
定價320元

ISBN 978-986-124-964-3
Printed in Taiwan

國家圖書館出版品預行編目資料

文殊開運占卜 / 詹惟中著. - - 初版 - - 臺北市：
商周出版：家庭傳媒城邦分公司發行,民97.01
面； 公分. (東西命理館；7)
ISBN 978-986-124-964-3 (平裝)
1.占卜
292　　　　　　　　　　　　　　　　96020246